Hier bin ich:

Bei Gott zu Hause

Hier ist Platz für ein Bild deiner Kirche

Meine Kirche heißt

_____

Sie steht in

_____

Unser Pfarrer heißt

_____

Bei Gott zu Hause

Das Kinderbuch für den Weg zur **Erstkommunion**

Bei Gott zu Hause

Das Kinderbuch für den Weg zur **Erstkommunion**

benno

Bibliografische Information der Deutschen Nationalbibliothek
Die Deutsche Nationalbibliothek verzeichnet diese Publikation
in der Deutschen Nationalbibliografie; detaillierte bibliografische Daten sind im Internet über http://dnb.d-nb.de abrufbar.

Autoren:
Marko Dutzschke, Diözesanjugendseelsorger im Bistum Görlitz
Marietta Giese, ehrenamtliche Kinder- und Jugendseelsorge im
Bistum Erfurt
Beatrice Kiesewetter, Gemeindereferentin im Bistum Berlin
Beate Kuhn, Gemeindereferentin im Bistum Erfurt

Wir danken Kerstin Czwienczek für die intensive Mitarbeit an
den Katechesen „Gemeinschaft", „KreuzWege" und „Fest des
Lebens".
Allen Katecheten und Kindern, die das Kursmaterial im Entste-
hungsprozess erprobt und dessen Praxistauglichkeit verbessert
haben, ein herzliches Dankeschön.
Besonderer Dank geht an Prof. Dr. Albert Biesinger, der mit seiner Expertise in der Familienkatechese den Kurs bereichert hat.

Bibelverse Joh 20,19–22:
Einheitsübersetzung der Heiligen Schrift, vollständig durch-
gesehene und überarbeitete Ausgabe
© 2016 Katholische Bibelanstalt GmbH, Stuttgart
Alle Rechte vorbehalten.

Wir danken allen Inhabern von Textrechten für die Abdrucker-
laubnis. Der Verlag hat sich darum bemüht, alle Rechteinhaber
in Erfahrung zu bringen. Für zusätzliche Hinweise sind wir
dankbar.

Hinweis: Liebe Eltern! Überall im Kinderbuch finden
Sie QR-Codes, die Sie direkt auf die Online-Plattform
www.bei-gott-zu-hause.de führen. Dort finden Sie pas-
send zum jeweiligen Thema Anregungen für Gespräche in
der Familie. Viel Freude mit diesen „Familien-Gesprächs-
schätzen"!

Bildnachweis:
S. 11 ff.: © flas100/Fotolia (Notizzettel); S. 26, 28:
© ghrzuzudu/Shutterstock (Rettungswagen, Schubkarre); S. 38,
40: © Dmitry Kolesnikov/Fotolia (Anker, Fass, Hut); S. 40:
© Yayayoyo/Shutterstock (Piratenschiff); S. 46: © Vertes
Edmond Mihai/Shutterstock (T-Shirt); S. 51 f.: © Ali Graphics
Resources/Shutterstock (Wellen); S. 65: Sieger Köder, Abend-
mahl © Sieger Köder-Stiftung Kunst und Bibel, Ellwangen;
S. 83: © scusi/Fotolia (Fußspuren); S. 99 ff.: © Artyzan/
Shutterstock (Initialen), © ssuaphotos/Shutterstock (Hinter-
grund); S. 100: © KPixMining/Fotolia; S. 101: ©Photology1971/
Shutterstock; S. 103: © Renáta Sedmáková/Fotolia; S. 104:
© jorisvo/Fotolia; S. 102, 105, 109: © KNA-Bild; S. 106:
© Bistum Dresden-Meißen; S. 107: © Katholische Pfarrei
Radibor; S. 108: © Didier Descouens/CC BY-SA 4.0 (via
Wikimedia Commons); S. 110: © tauav/Fotolia; S. 113:
© jorisvo/Shutterstock

Besuchen Sie uns im Internet:
www.st-benno.de

Gern informieren wir Sie unverbindlich und aktuell auch in unserem Newsletter zum Verlagsprogramm, zu Neuerscheinungen
und Aktionen. Einfach anmelden unter www.vivat.de

ISBN 978-3-7462-5423-4

© St. Benno Verlag GmbH, Leipzig
Illustrationen: Ursula Harper, München
Lektorat: Patricia Fritsch, Leipzig
Umschlaggestaltung und Layout: Rungwerth Design, Düsseldorf
Gesamtherstellung: Arnold & Domnick, Leipzig (B)

INHALT

LIEBE MÄDCHEN UND JUNGEN,

Ihr seid etwas ganz Besonderes. Ihr seid einmalig, wertvoll,
weil Gott Euch geschaffen hat.
Bald werdet Ihr zum ersten Mal die heilige Kommunion empfangen.
In der Zeit der Vorbereitung dürft Ihr Gott näher kennenlernen.
Das ist nicht mehr selbstverständlich. Viele Menschen kennen Gott nicht.
Bei Euch soll es anders sein. Jesus Christus hat uns gezeigt, dass Gott
da ist. Seine Gegenwart umhüllt uns wie die Luft, die wir atmen.
Gemeinsam mit Euren Eltern und Katecheten werdet Ihr
erfahren und erleben, dass wir schon jetzt bei Gott zu Hause sind.
Das macht unser Leben zu einem Fest. Und dieses Fest feiern wir mit
Brot und Wein in der heiligen Messe.
Ich bete für Euch, dass Ihr die Stimme Jesu hört, damit
wir miteinander das Fest des Lebens feiern können.

Euer Erzbischof

+ Heiner Koch

Heiner Koch

» JETZT GEHT'S LOS «

Wenn die Glocken läuten, ruft dich Jesus in sein Haus.
Du machst dich auf den Weg mit vielen anderen.
Du zeichnest ein Kreuz und verbindest damit von oben
nach unten Himmel und Erde. Von links nach rechts
verbindest du dich mit den Menschen.
Du trittst in die Kirche ein und entdeckst wichtige
Dinge, die dir von Gott erzählen.

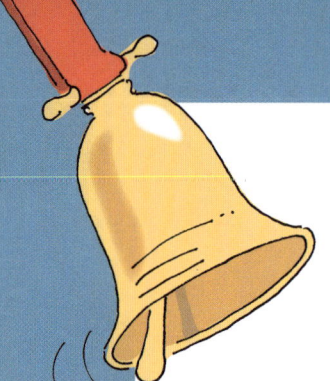

Hoch hinaus

Wie so oft ist Jonas spät dran. Immer ist was los. Heute musste er in der Schule noch den Ordnungsdienst erledigen. Darüber hätte er beinahe vergessen, dass er vor dem Erstkommunionkurs bei seinem Opa vorbeischauen wollte.

Jetzt steht er keuchend vor dem Haus und klingelt. „Ja", hört er die knarrende Stimme seines Großvaters. „Ich bin's", pustet Jonas in die Türsprechanlage.

Ein paar Minuten später sitzen Großvater und Enkel zusammen auf der Couch und lesen in der Zeitung. „Guck mal", sagt Jonas, „unsere Kirche bekommt eine neue Glocke."

„Als ich so alt war wie du", gerät Jonas' Opa sofort ins Schwärmen, „durften wir Ministranten jeden Abend um sechs Uhr die Glocken zum Angelus läuten. Wir gingen zum Pfarrer und bekamen den großen, schweren Kirchturmschlüssel. Ich kann dir sagen, es war gar nicht so einfach, drei Glocken gleichzeitig zu läuten. Das brauchte ganz schön viel Übung."

„Habt ihr die Glocken etwa mit der Hand geläutet?", wundert sich Jonas.

„Elektrische Glocken gab es damals noch nicht", erklärt ihm sein Opa. „Wer mutig war, hat beim Läuten das Seil festgehalten und ist so ein ganzes Stück nach oben gesaust. Das war wie fliegen."

„Cool!", staunt Jonas. Doch in diesem Moment fällt sein Blick auf die Uhr. „Oh, ich muss los! Heute beginnt doch der Erstkommunionkurs!" Schnell verabschiedet er sich und fährt zur Kirche.

Dort wartet Marie. Mit ihr ist Jonas schon lange befreundet. „Na, mal wieder spät dran?", begrüßt sie ihn grinsend. „Ich war noch bei meinem Opa", verteidigt sich Jonas.

Während sie auf die anderen warten, berichtet Jonas von der neuen Kirchturmglocke. Und er erzählt, wie sein Opa früher nach oben gesaust ist.

Sie schauen den schmalen Kirchturm hoch und grübeln, wie da wohl die alte Glocke ausgebaut und die neue eingehängt werden kann. Aber da werden sie gerufen und es geht los.

DIE GLOCKEN LÄUTEN
Wir treffen uns

Jesus sagt:
Wo zwei
oder drei
in meinem
Namen
versammelt
sind, da bin ich
mitten unter
ihnen.

(Mt 18,20)

Katarinthea Katia
Suna sopfi
Gloria
Hanna Konstan-
tin
Nora
Matter Jan
MarlonMaria
Giuliano
Henri
Leona Kaja
Elisa

DIE GLOCKEN LÄUTEN
Wir treffen uns

Wusstest du, dass

im See Gennesaret 25 verschiedene Fischarten leben?
Der bekannteste Fisch wurde nach einem großen
Menschenfischer benannt. Er heißt Petrusfisch.
Der erste Jünger Jesu, der Fischer Simon, wurde
nämlich auch Petrus gerufen.

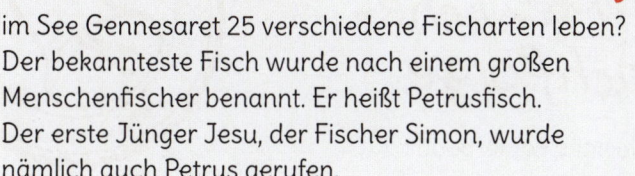

Jesus beruft Menschen in seine Nachfolge

Zusatzaufgabe: Falte ein kleines Papierboot!

Im Land, in dem Jesus lebte, gibt es einen großen See, den See Gennesaret. Es ist ein sehr fischreicher Süßwassersee. Möchte man den See umlaufen, braucht man ungefähr drei Tage. Entfernt man sich weiter vom See, wird die Gegend schnell karg. Zur Zeit Jesu konnten die Menschen dort gut leben. Daher gab es viele kleine Orte am See. In der Nähe des Wassers wuchsen Bäume und Sträucher. Die Menschen bauten sich kleine, flache Häuser. Das Leben spielte sich viel draußen, unter freiem Himmel ab.

Vor etwa 2000 Jahren lebten an diesem See zwei Brüder, Simon und Andreas, mit ihrem Vater. Sie waren von Beruf Fischer. Jede Nacht fuhren sie mit ihrem Boot auf den See hinaus.

Sie warfen ihre Netze aus. Viele große und kleine Fische verfingen sich darin.

Als sie an einem besonders schönen Morgen wieder das Ufer erreichten, holten sie die schweren Fischernetze aus dem Boot und breiteten sie am Ufer aus. Sie sortierten die in der Nacht gefangenen Fische. Manche Fische sollten gleich auf dem Markt verkauft werden. Simon und Andreas waren müde und freu-

ten sich, dass die Arbeit bald geschafft war. So bemerkten sie nicht gleich, dass ein Mann in ihrer Nähe stehen blieb und ihnen bei ihrer Arbeit zusah.

Als sie aufschauten, sahen sie ihn daher überrascht an. Der Mann war ihnen fremd, sie hatten ihn noch nie gesehen. Er gehörte nicht in ihr Dorf. Aber er hatte einen offenen Blick und freundliche Augen. Während sich Simon und Andreas noch fragend anschauten, hörten sie, wie der Fremde sie ansprach und sagte: „Simon, Andreas, kommt zu mir, kommt her und folgt mir nach! Ich werde euch zu Menschenfischern machen."

Simon und Andreas sahen sich erneut an. Meinte der Fremde sie? Er nickte ihnen fast unmerklich zu. So fassten sie sich ein Herz, ließen ihre Netze und Fische und sogar ihren Vater zurück, und folgten dem Mann.

Dieser Mann war Jesus. Die Fischer Simon und Andreas waren von nun an seine Wegbegleiter und wurden seine Freunde.

Als sie gemeinsam weitergingen, sahen sie zwei andere Brüder, Jakobus und Johannes. Auch diese beiden rief Jesus zu sich. Und auch Jakobus und Johannes wurden seine Jünger.

Nach Matthäus 4,18–22

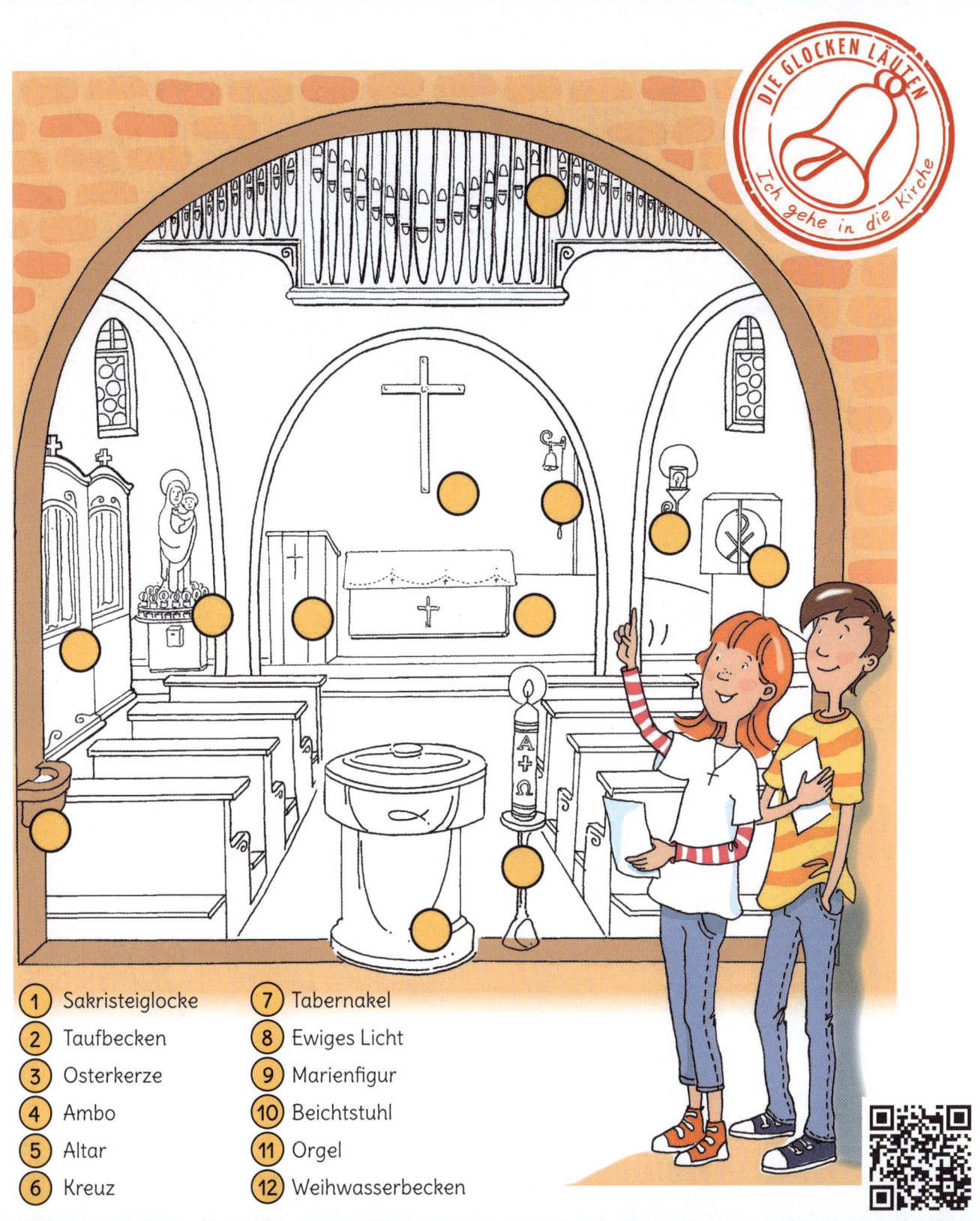

DIE GLOCKEN LÄUTEN
Ich gehe in die Kirche

1 Sakristeiglocke
2 Taufbecken
3 Osterkerze
4 Ambo
5 Altar
6 Kreuz
7 Tabernakel
8 Ewiges Licht
9 Marienfigur
10 Beichtstuhl
11 Orgel
12 Weihwasserbecken

Wusstest du, dass

der **Ambo** ein Lesepult ist? Von hier aus werden die Texte aus der Heiligen Schrift, der Bibel, während des Gottesdienstes vorgelesen. Das Buch, das auf dem Ambo liegt, heißt Lektionar.

Wusstest du, dass

der **Altar** ein ganz besonderer Tisch ist? Hier werden Brot und Wein gewandelt und an die Gemeinde ausgeteilt.

Wusstest du, dass

der **Tabernakel** ein kleiner Schrank ist, in dem das aufbewahrt wird, was uns am allerwichtigsten, am allerheiligsten ist? Hier ist Jesus verwandelt im Brot gegenwärtig.

Das **ewige Licht** brennt immer – Tag und Nacht, weil Jesus hier immer da ist.

Vor dem Allerwichtigsten, dem Allerheiligsten machen wir uns klein und begrüßen Jesus mit einer Kniebeuge.

DIE GLOCKEN LÄUTEN
Ich mache ein Kreuzzeichen.

Aufgabe: Markiere alle Kreuze mit einem Stift!

Wusstest du, dass

das Kreuzzeichen ein kurzes Gebet ist? Es verbindet alle Christen mit Gott und untereinander. Wir beten: „Im Namen des Vaters und des Sohnes und des Heiligen Geistes. Amen."

» HERZLICH WILLKOMMEN «

Auf unserem Bild ist die Kirchentür weit offen.
Sie zeigt dir: Du bist eingeladen, in die Kirche zu kommen.
Du bist Kind Gottes.
Wie werden Menschen zu Christen und untereinander
Schwestern und Brüder? Du ahnst es schon,
hier geht es um die Taufe.

Hitzefrei

Seit Tagen scheint die Sonne. Die Schulräume sind so warm, dass es Hitzefrei gibt. Daher haben sich Marie und Jonas für den frühen Nachmittag zum Schwimmen verabredet. Als Jonas bei Marie ankommt, reißt sie die Tür auf. „Hallo Jonas!", lacht sie ihm entgegen. „Was ist denn mit dir los? Du strahlst ja wie ein Honigkuchenpferd", will Jonas wissen. „Ich habe ein Schwesterchen bekommen. Die ist ja sooooo süß."

„Dann gehen wir also nicht schwimmen?", fragt Jonas ein bisschen enttäuscht. „Doch", antwortet Marie, „Mama und meine Schwester sind noch im Krankenhaus und brauchen Ruhe. Wenn alles gut geht, kommen sie übermorgen nach Hause."

Marie nimmt ihren Rucksack und zieht die Tür schwungvoll hinter sich ins Schloss. Unterwegs zeigt sie Jonas ein Bild von ihrer kleinen Schwester und erzählt weiter: „Mama und Papa mussten gestern Abend ins Krankenhaus. Als ich vorhin nach Hause kam, hat Papa gesagt, dass ich eine Schwester bekommen habe. Schau mal: Ist sie nicht schön?" Für Jonas sehen alle Babys gleich aus. Aber das sagt er jetzt lieber nicht.

Bei diesem Wetter wollen noch viele andere baden und das Schwimmbad ist voll. Marie und Jonas gehen zuerst zu den Rutschen. Dann liegen beide auf dem Wassertrampolin und Marie berichtet wieder von ihrer Schwester: „In ein paar Wochen soll sie schon getauft werden. Ich darf die Taufkerze basteln, hat Papa mir versprochen, und vielleicht das Taufwasser halten."

„Wenn du nicht aufpasst, werde ich dich gleich taufen", grinst Jonas. Er zieht Marie am Bein und versucht, sie ins Wasser zu werfen. Aber Marie dreht sich schnell zur Seite und gibt Jonas einen kleinen Schubs, sodass er vor ihr im Wasser landet. Als er auftaucht, prustet er: „Eins zu null für dich!"

Das Heilige Land

EIN TOR GEHT AUF

Jesus wird getauft

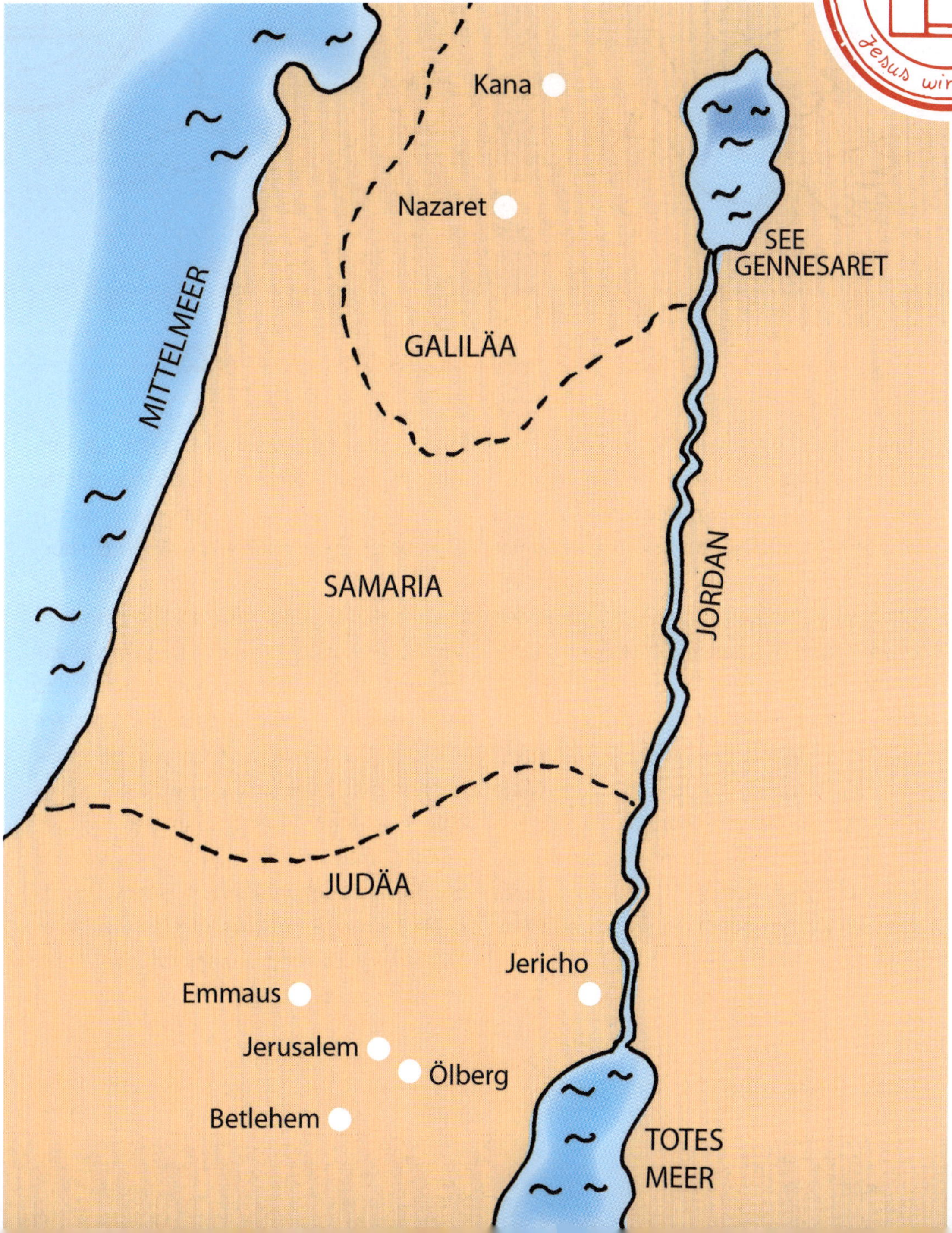

MITTELMEER

Kana

Nazaret

SEE
GENNESARET

GALILÄA

JORDAN

SAMARIA

JUDÄA

Jericho

Emmaus

Jerusalem

Ölberg

Betlehem

TOTES
MEER

Die Taufe Jesu im Jordan

Das Land, in dem Jesus lebte, liegt in der Wüste. In dieser Wüste gibt es kaum Wasser, dafür aber Steine, trockene Äste und verdorrte Sträucher. Durch diese Steinwüste fließt der Jordan und verbindet den See Gennesaret mit dem Toten Meer. Ohne den Fluss Jordan könnten in dieser Gegend keine Menschen wohnen.

Am Jordan lebte ein Mann namens Johannes. Die Israeliten nannten ihn den „Täufer", weil er Menschen im Jordan taufte. Viele Menschen kamen zu Johannes, um sich von ihm taufen zu lassen. Damit wollten sie zeigen, dass ihnen Gott wichtig ist und dass sie so leben wollten, dass Gott Freude an ihnen hat.

Eines Tages kam auch Jesus mit einigen Jüngern zum Jordan. Er ging zu Johannes und sagte: „Taufe mich!" Johannes sah ihn überrascht an. Er spürte, dass ihm kein normaler Mensch gegenüberstand. Das war der, auf den er gewartet hatte. Der, von dem sein Vater ihm erzählt hatte. Der, dem er vorausgehen sollte. Darum sagte Johannes zu ihm: „Nicht ich sollte dich taufen, sondern du mich. Du kommst von Gott, du müsstest mich taufen." Weil Jesus aber sagte: „Tu es bitte trotzdem", willigte Johannes ein. Johannes und Jesus stiegen in das Wasser des Jordans. Johannes taufte Jesus. Da öffnete sich der Himmel, der Heilige Geist kam auf Jesus herab und eine Stimme sagte: „Du bist mein geliebtes Kind."

Nach Markus 1,9–11

Wusstest du, dass

es in der Kirche üblich ist, für jedes Kind den Namen eines Heiligen auszusuchen? Schau doch einmal nach, wer dein Namenspatron ist, z. B. unter www.heiligenlexikon.de.

» IM GESPRÄCH MIT GOTT «

Tag für Tag sprichst du mit deinen Eltern,
Schulfreunden, Lehrern, der Verkäuferin beim Bäcker,
dem Trainer und vielen anderen.
Aber fehlt da nicht noch einer auf der Liste?
Was ist mit Gott? Sprichst du auch mit ihm?
Versuch es doch einmal.
Du faltest die Hände und los geht's.

Der Rettungswagen

Jonas schaut aus dem Fenster und wartet auf Marie. Sie haben sich für heute verabredet. Da kommt sie auf dem Fahrrad angesaust. Verwundert ruft er ihr zu: „Wollten wir nicht laufen?" „Ich musste noch was für Mama kaufen. Meine Schwester ist krank", sagt Marie. „Frage doch mal, ob du auch das Rad nehmen darfst."

Jonas' Mutter erlaubt es ihm. Schnell holt er sein Fahrrad aus der Garage. Weil er seit Längerem nicht gefahren ist, muss er noch Luft aufpumpen. Dann radeln beide los.

Jonas ist übermütig und fährt Schlangenlinien. „Pass auf, da kommt ein Rettungswagen!", ruft ihm Marie von hinten zu. Jonas fährt so gut er kann an den Rand der Straße und ein paar Sekunden später saust der Wagen mit Blaulicht und Martinshorn an ihnen vorbei.

Die Kinder schauen einander an und fragen sich, was passiert ist. Auf die Antwort müssen sie nicht lange warten. Hinter der nächsten Kurve sehen sie den Rettungswagen wieder. Ein Auto ist von der Straße abgekommen und gegen einen Baum geprallt. Die Rettungssanitäter versuchen, den Insassen zu helfen. „Der Wagen sieht aber schlimm aus", meint Jonas. „Das stimmt! Hoffentlich ist den Leuten nichts passiert", sorgt sich Marie.

Auf einmal fängt Jonas an zu erzählen: „Mein Vater hatte auch einmal einen schweren Unfall mit dem Dienstauto. Mama hat damals viel geweint und wir haben jeden Abend gebetet, dass Papa bald wieder nach Hause kommt."

„Und wie ist es ausgegangen?", fragt Marie.

„Na ja, Papa war lange im Krankenhaus. Danach konnte er noch länger nicht arbeiten gehen. Jetzt sagt ihm Mama jedes Mal, dass er vorsichtig fahren soll, wenn er zur Arbeit will."

Marie streicht Jonas über den Arm. „Bei uns zu Hause hat immer eine Kerze gebrannt", erzählt Jonas weiter, „Oma hat gesagt, das hilft."

„Es hat geholfen. Dein Papa ist ja wieder gesund", freut sich Marie. „Der Drogerie nebenan hat es auch geholfen", feixt Jonas. „Hä, du spinnst!", zeigt Marie Jonas einen Vogel. „Nee, im Ernst. So viele Kerzen wie Mama und Oma dort gekauft haben ..."

VATER UNSER IM HIMMEL, GEHEILIGT WERDE DEIN NAME. DEIN REICH KOMME. DEIN WILLE GESCHEHE, WIE IM HIMMEL SO AUF ERDEN. UNSER TÄGLICHES BROT GIB UNS HEUTE. UND VERGIB UNS UNSERE SCHULD, WIE AUCH WIR VERGEBEN UNSERN SCHULDIGERN. UND FÜHRE UNS NICHT IN VERSUCHUNG, SONDERN ERLÖSE UNS VON DEM BÖSEN. DENN DEIN IST DAS REICH UND DIE KRAFT UND DIE HERRLICHKEIT IN EWIGKEIT. AMEN.

Der Seiltänzer

Hoch über dem Marktplatz einer kleinen Stadt hatte ein Seiltänzer sein Seil gespannt. Viele Zuschauer waren versammelt und schauten erwartungsvoll nach oben.

„Glaubt ihr, dass ich auf diesem Seil hinübergehen kann?", fragte der Seiltänzer in die Menge. „Ja, wir glauben es", riefen die Menschen und schauten dem lebensgefährlichen Kunststück gespannt zu. Und so balancierte der Seiltänzer in luftiger Höhe mehrmals über das gespannte Seil.

Gegen Ende der Vorstellung holte er eine Schubkarre hervor und fragte die Anwesenden: „Glaubt ihr, dass ich auch mit diesem Schubkarren hinüberkomme?" „Ja, wir glauben es. Du schaffst es!", schrien die Zuschauer. Und tatsächlich kam er mitsamt Schubkarren am anderen Ende an. Die Menschen applaudierten ihm begeistert.

Dann fragte der Seiltänzer die Zuschauer: „Wer will sich in die Schubkarre setzen, damit ich ihn dann über das Seil schiebe?"

Da schauten die Zuschauer ängstlich. Nein, dazu hatten sie keinen Mut! Keiner traute sich das. Was wäre, wenn das schiefginge? Was da alles passieren könnte!

Plötzlich meldete sich ein Junge und rief: „Ich setze mich in die Karre." Er kletterte mutig hinauf. Unter dem gespannten Schweigen der Menge schob der Mann das Kind über das Seil. Als er am anderen Ende ankam, waren alle außer sich vor Begeisterung, jubelten und klatschten Beifall.

Einer aber fragte den Jungen: „Sag, hattest du keine Angst da oben?"

„Oh nein", lachte der Kleine, „der Seiltänzer ist ja mein Vater!"

HÄNDE FALTEN

Mit Gott von Herzen sprechen

Wusstest du, dass

es im Alten Testament ein ganzes Buch voller Gebete gibt?
Man nennt diese Gebete Psalmen. Sie sind so alt, dass
Jesus sie schon gebetet hat. In den Psalmen loben die
Menschen Gott. Sie klagen, bitten und danken.
Sie erzählen Gott all ihr Leid und ihre Freude.

Morgenritual

Gott, ich will den Tag mit dir beginnen.
Mache das Kreuzzeichen: Im Namen des Vaters ...
Diesen Tag und was er bringen mag
nehme ich an aus deiner Hand.
Erzähle Gott, was du heute zu tun hast: ...
Gib mir Kraft, das Gute zu erkennen und zu tun.
Sprich das Vaterunser: Vater unser im Himmel ...
Begleite mich mit deinem Segen.
Mache zum Schluss das Kreuzzeichen.

Abendritual

Gott, bevor ich schlafen gehe, komme ich zu dir.
Mache das Kreuzzeichen: Im Namen des Vaters ...
Diesen Tag lege ich in deine Hand.
Erzähle Gott, was dir heute gelungen
und was dir nicht gelungen ist: ...
Ich danke dir für alles Gute. Vergib
mir, was ich anderen Menschen
schuldig geblieben bin.
Sprich das Vaterunser:
Vater unser im Himmel ...
Behüte mich in dieser Nacht mit deinem Segen.
Mache zum Schluss das Kreuzzeichen.

Tischgebete

Alle guten Gaben,
alles, was wir haben,
kommt, o Gott, von dir.
Wir danken dir dafür!

Aller Augen warten auf dich, o Herr,
und du gibst ihnen Speise zur rechten Zeit.
Du tust deine milde Hand auf
und sättigest alles, was lebt,
mit deinem Segen. Amen.

Nach Psalm 145,15–16

Lieber Gott, du lädst mich ein,
Gast an deinem Tisch zu sein.
Jeden Tag willst du uns geben,
was wir brauchen, um zu leben.

Tischgebete für Eilige

Weil Gott uns liebt:
Guten Appetit!

Für dies und das:
Deo gratias!
(Das heißt: Dank sei Gott.)

Lieber Gott, für Speis' und Trank
sagen wir dir Lob und Dank.

» EIN SCHATZ FÜR KOPF UND HERZ «

Hast du den Fisch auf der Tasche entdeckt?
Er ist wie das Kreuz ein Bekenntnis zu Gott.
Was wir über Gott sagen können, wissen wir aus der Bibel.
Deshalb ist dieses Buch für uns Christen eine Heilige Schrift.
Sie ist ein Schatz für Kopf und Herz, den wir
im Gottesdienst miteinander teilen.

Eine Bibel für alle Fälle

Jonas ist heute ausnahmsweise pünktlich. Als er bei Marie ankommt, steht die Haustür weit offen und ihr Rucksack liegt vor der Tür. Aber von Marie ist weit und breit nichts zu sehen. „Hi, Marie, können wir los?", ruft Jonas durch die offene Haustür. „Moment noch!", schallt es zurück und Jonas hört, wie drinnen jemand eilig hin und her läuft.

Nach einer Weile fragt er: „Was machst du denn so lange?" Marie antwortet genervt: „Wir sollen doch heute eine Bibel mitbringen. Aber ich kann verflixt nochmal nirgendwo eine finden." „Also ich habe zwei Bibeln eingesteckt. Wenn du willst, kann ich dir eine abgeben." „Bist wohl besonders heilig oder was?", kommt es spöttisch von Marie zurück.

Jonas ist ein bisschen gekränkt: „Ich weiß nicht, warum du keine Bibel hast. Aber ich habe eine von meiner Oma bekommen und eine von meinem Patenonkel." Marie verdreht die Augen: „Was sollte ich damit anfangen? Die steht doch eh nur im Regal herum und staubt ein. Oder hast du schon einmal freiwillig in der Bibel gelesen?"

„Also wir lesen am Abend oft ein Stück in der Bibel. Da gibt es echt spannende Geschichten. Früher hat mir meine Mutter daraus vorgelesen. Heute lese ich sie auch oft allein."

Marie schaut Jonas nachdenklich an: „ Echt? Hm. Das habe ich noch nie gemacht. Irgendwo habe ich bei uns auch mal eine Bibel gesehen! Wenn ich mich nur erinnern könnte, wo das war ... Aber egal, wir müssen jetzt los."

Gerade noch rechtzeitig kommen die beiden Kinder vor der Kirche an. Jonas hält Marie am Arm fest, drückt ihr seine zweite Bibel in die Hand und sagt: „Wenn du willst, kannst du sie eine Weile behalten."

Grundsteine des Glaubens · Gottes Wort

BIBEL

A Ω

Das Gleichnis vom Sämann

 Aufgabe: Klebe unter den Text Körner und lass sie aufgehen, indem du Wurzeln, Stiel, Blätter und Früchte dazumalst.

Immer wieder kamen Menschen zu Jesus, um ihn reden zu hören. Oft lehrte er sie am Ufer eines Sees.

Einmal kamen so viele Menschen zu ihm, dass er in ein Boot stieg, ein kleines Stück vom Ufer wegfuhr, sich setzte und dann zu reden begann. So konnten ihn alle gut sehen und hören. An diesem Tag sprach er lange zu den Menschen. Er erklärte ihnen in Form von Geschichten, wie Gott ist.

Er erzählte:

„Ein Sämann ging auf sein Feld. Es war früh am Tag und er war noch müde. So fiel ein Teil der Körner auf den Weg. Da kamen Vögel herbeigeflogen und pickten die Körner weg. Auf seinem Feld gab es auch Stellen mit fel-sigem Boden. Trotzdem säte der Mann auch hier Körner. Als die Sonne höherstieg und die Tage heißer wurden, verdorrte jedoch alles, was er dort gesät hatte. Auf dem felsigen Boden gab es nämlich zu wenig Erde und die Körner konnten keine Wurzeln bilden.

Einige Körner fielen dem Sämann ins Gestrüpp. Schnell überwucherten dort die Dornen die gute Saat und sie ging ein.

Auf dem Feld gab es aber auch fruchtbaren Boden. Dort wuchsen alle Saatkörner gut. Sie hatten kräftige Halme und volle Ähren. Die Saat trug dreißigfach, sechzigfach und sogar hundertfach, und der Mann war glücklich über diese reiche Ernte."

Nach Markus 4,1–9

Was höre und verstehe ich mit dem Kopf?

_____

_____

Was hört mein Herz, was soll ich tun?

_____

_____

GRUNDSTEINE DES GLAUBENS

Schatz für Kopf & Herz

Die Geschichte vom kleinen Piraten und dem großen Schatz

Es war einmal ein kleiner Pirat. Der hatte eine Augenklappe, einen Papagei und einen Hut auf dem Kopf. Der kleine Pirat fuhr auf allen sieben Meeren. Einmal hörte der kleine Pirat von einer Insel, auf der es einen sagenhaften Schatz geben sollte. Er hatte gehört, dieser Schatz sei so groß, dass er auf kein Schiff der Welt passen würde. Diesen Schatz wollte der kleine Pirat unbedingt für sich haben und er suchte auf allen Meeren danach, bis er die Insel fand. Zu seinem Erstaunen gab es da aber kein Schloss und auch keine Burg. Es gab keine Soldaten und auch keine Kanonen. Ein bisschen traurig war der kleine Pirat schon, dass es keinen Kampf geben sollte, und er dachte sich: „Wahrscheinlich war die Sache mit dem Schatz auch nur Seemannsgarn!"

Trotzdem wollte er sich die Insel etwas genauer anschauen. Da gab es eine Stadt mit Menschen, die ihn freundlich aufnahmen und zum Essen einluden. Ebenso gab es dort eine Kirche, in die die Menschen oft gingen.

Das machte ihn neugierig. Was war an dieser Kirche so besonders? Das musste er ergründen. War da vielleicht der Schatz verborgen? Als unser kleiner Pirat in die Kirche kam, entdeckte er all die angesammelten Kostbarkeiten. Sein kleines Piratenherz schlug vor Aufregung wie wild in seiner Brust. Gold, Silber und Edelsteine waren überall zu finden. Ganz vorn auf einer Art Tisch lag ein altes Buch. Auch sein Umschlag war ganz mit Gold und kostbaren Edelsteinen besetzt. Was sollte er nur tun? Pirat war nun einmal Pirat.

In der folgenden Nacht schlich er sich daher in die Kirche und stahl alles Gold und alle Edelsteine. Und am andern Morgen, als die Menschen der Stadt erwachten, war er ver-

schwunden und längst mit seinem Boot in die Weiten des Meeres gesegelt.

Einige Zeit später traf der kleine Pirat jemanden, der von dieser Insel erzählte. Das Erstaunlichste war, dass er nichts davon berichtete, dass da ein Schatz gestohlen worden war. Im Gegenteil: Er behauptete, dort gäbe es einen sagenhaften Schatz. So groß, dass er auf kein Schiff der Welt passen würde.

Da wurde der kleine Pirat sehr zornig und fuhr zurück zu der Insel. Er wunderte sich, dass die Leute noch immer so freundlich zu ihm waren. Sie mussten doch wissen, dass er ihren Schatz gestohlen hatte.

Er lief in die Kirche. Sie sah aus wie damals, als er sich mit den Kostbarkeiten davongemacht hatte.

Wo war der Schatz? Da kam ein alter, weiser Mann in die Kirche. Der kleine Pirat zückte sein Schwert und drohte dem Mann: „Sag mir, wo ihr euren sagenhaften Schatz versteckt habt, sonst werde ich dich töten."

Da lachte der alte, weise Mann und sagte: „Wenn du Geld und Gold meinst, kommst du zu spät. Das hat schon jemand geholt. Wenn du aber meinst, was uns wertvoll ist, dann stehst du direkt davor."

Der kleine Pirat schaute sich um. Was hatte er übersehen? Er stand vor dem alten Buch, dem er seinen kostbaren Umschlag genommen hatte. Es lag genauso da, wie er es bei seinem ersten Besuch auf der Insel zurückgelassen hatte.

Der kleine Pirat wunderte sich und sprach: „Aber da liegt doch nur ein altes Buch." Da lachte der Mann wieder und sagte: „Für dich ist es nur ein Buch, für uns ist es unser wertvollster Schatz. Geld und Gold kann man verlieren, was in diesem Buch steht, kann uns keiner wegnehmen."

Da wurde der kleine Pirat nachdenklich. Er hatte schon so viel Geld und Gold geraubt. Nach einiger Zeit war es immer wieder verschwunden. Er hatte es ausgegeben und war dabei nicht glücklich geworden. Hier war ein Mann, der war glücklich ganz ohne Geld und Gold, und er bat den alten, weisen Mann: „Sag mir, kann dieses Buch auch für mich ein Schatz werden?"

Der Mann sagte leise: „Ganz bestimmt. Und wenn du dein Schwert in die Scheide steckst, will ich dir zeigen, wie das geht."

Als viele Jahre später ein anderer kleiner Pirat mit einem anderen Schiff zu der Insel kam, fand er in der kleinen Kirche ein Buch, das über und über mit Gold und Edelsteinen besetzt war. Und er fand einen anderen alten, weisen Mann. Dieser Mann trug einen alten, abgewetzten Hut und eine Augenklappe ...

H R C
I U T S S X

R E E T
R T E R Σ

S H
N O Y

J
S U S I

T G
S O T E Θ

ΊΧΘΥΣ – FISCH

Ἰησοῦς _____

Χριστός _____

Θεοῦ _____

Υἱός _____

Σωτήρ

Wusstest du, dass

das Ichthys-Symbol aus zwei gekrümmten Linien besteht, die einen Fisch bilden? Wahrscheinlich haben sich die ersten Christen an diesem Zeichen erkannt. Eine Person zeichnete einen Bogen in den Sand, die andere vollendete das Symbol mit dem Gegenbogen und gab sich damit als Schwester oder Bruder in Christus zu erkennen.

Der Angelausflug

Aufgabe: Lest und spielt die Geschichte mit verteilten Rollen.
Ihr braucht einen Erzähler, Marie, Jonas und den Vater.
Für das Vorspielen könnt ihr euch auch eine Angel
(z. B. aus Holzstock und Schnur) und einen Fisch (z. B. aus Papier) basteln.

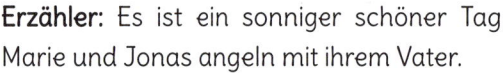

Erzähler: Es ist ein sonniger schöner Tag. Marie und Jonas angeln mit ihrem Vater.

Jonas: Mir ist langweilig. Papa, kannst du uns nicht eine Geschichte erzählen?

Marie: Dir ist doch nur langweilig, weil du nichts gefangen hast. Guck mal, ich habe schon drei Fische in meinem Eimer!

Vater: Vielleicht ist jetzt eine Fisch-Geschichte das Richtige?

Marie und Jonas: Ja, bitte!

Vater: Diese Geschichte ist wahr und hat sich tatsächlich vor etwa 2000 Jahren zugetragen. Nachdem Jesus gestorben und auferstanden war, erzählten seine Freunde überall davon. Viele hörten ihnen zu und wurden Christen. Der Glaube verbreitete sich so immer weiter, bis nach Rom. Das gefiel den Herrschern nicht. Sie verfolgten die Christen, sperrten sie ein und töteten viele. Darum überlegten sich die Christen ein geheimes Zeichen, an dem sie einander erkennen konnten.

Jonas: Ich weiß, was das war: ein Fisch!

Vater: Genau. Wenn damals ein Christ wissen wollte, ob sein Gegenüber auch Christ war, zeichnete er einfach einen Halbkreis in den Sand. Seht ihr, so. *(Der Vater zeichnet einen Halbkreis auf den Boden.)*

Jonas: Und wenn der andere dann mit einem zweiten Halbkreis daraus einen Fisch machte, wussten beide voneinander, dass sie Christen waren. *(Jonas vervollständigt den Fisch.)*

Marie: Aber warum musste es ausgerechnet ein Fisch sein?

Jonas: Na, weil die ersten Freunde von Jesus Fischer waren.

Vater: Ja, vielleicht auch das. Aber es gibt noch einen wichtigeren Grund. Die Buchstaben des altgriechischen Wortes für Fisch „Ichthys" stehen für ein kurzes Glaubensbekenntnis. Es ist die Abkürzung für „Jesus, Christus, Gottes Sohn und Retter".

Marie: Jetzt verstehe ich auch, warum wir einen Fisch an unserem Auto haben.

Jonas: Achtung! Ich glaube, da ist gerade auch ein „Ichthys" an unserer Angel!

Marie: Du meinst wohl: ein Fisch! Pass auf!

Erzähler: Gemeinsam ziehen Marie und Jonas den Fisch an Land. Die Fisch-Geschichten des heutigen Tages werden sie sicher nicht so schnell vergessen.

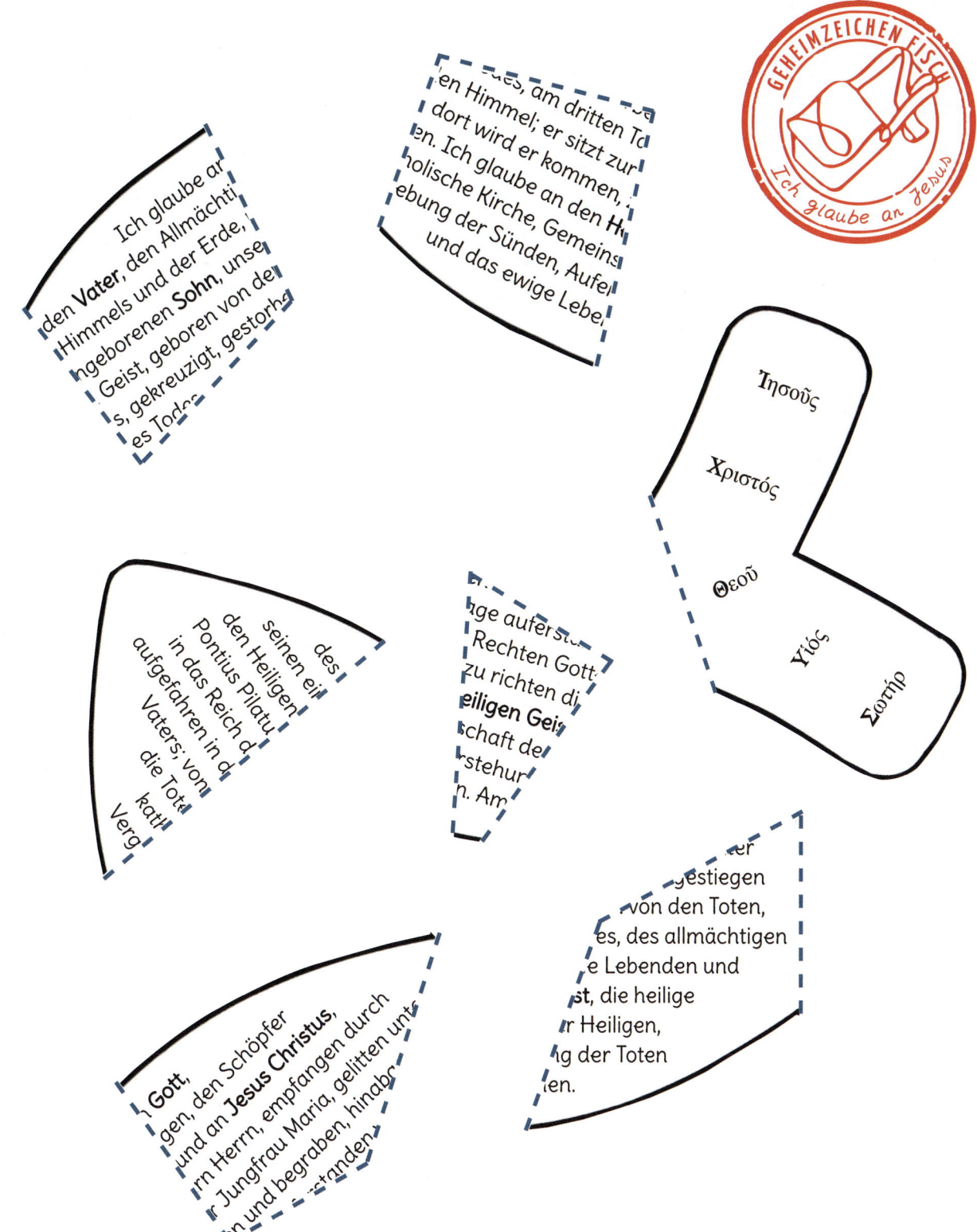

GEHEIMZEICHEN FISCH
Ich glaube an Jesus

Ich glaube an
den **Vater**, den Allmächti
Himmels und der Erde,
ngeborenen **Sohn**, unse
Geist, geboren von de
s, gekreuzigt, gestorb
es Tode

es, am dritten To
en Himmel; er sitzt zur
dort wird er kommen,
en. Ich glaube an den **H**
holische Kirche, Gemeins
ebung der Sünden, Aufe
und das ewige Lebe

Ἰησοῦς
Χριστός
Θεοῦ
Υἱός
Σωτήρ

des
seinen ei
den Heiligen
Pontius Pilatu
in das Reich d
aufgefahren in d
Vaters; von
die Tota
kat
Verg

age aufers
Rechten Gott
zu richten d
eiligen Gei
schaft de
stehur
n. Am

Gott,
gen, den Schöpfer
und an **Jesus Christus**,
rn Herrn, empfangen durch
Jungfrau Maria, gelitten unt
n und begraben, hinab
standen

er
gestiegen
von den Toten,
es, des allmächtigen
e Lebenden und
st, die heilige
r Heiligen,
g der Toten
ten.

» UMKEHREN LEICHT GEMACHT «

Hier begegnen dir ein weißes und ein schwarzes Schaf.
Sie erinnern dich an deine hellen und dunklen Seiten.
Du bist einmalig, hast Stärken und Talente.
Damit kannst du viel Gutes tun.
Doch niemand macht alles richtig.
Wir verletzen andere oder unterlassen Gutes.
Mit all dem kannst du zu Gott kommen.
Er nimmt dich wie ein guter Vater in den Arm.

Das verhängnisvolle T-Shirt

Marie hat ganz rote Augen und ein verheultes Gesicht. Als Jonas sie fragt, was los ist, antwortet sie nur knapp: „Nichts!" „Das muss aber ein ziemlich großes Nichts sein", bohrt Jonas nach. Marie reagiert trotzig: „Das geht dich nichts an." Jonas will sich schon abwenden, da sprudeln die Worte nur so aus Marie heraus: „Ich habe einen Fehler gemacht und jetzt sind alle böse auf mich. Papa redet kein Wort mehr mit mir. Meine Freundinnen tuscheln hinter meinem Rücken und Mama hat gesagt: ‚Das mit der Erstkommunion müssen wir uns noch überlegen.'"

Marie schluchzt vor sich hin und Jonas weiß nicht, was er sagen soll. „Was hast du denn so Schlimmes gemacht?" „Wir waren shoppen. Die anderen haben immer Geld und können was einkaufen. Nur ich bekomme kein Taschengeld. Und dann ..." Marie macht eine Pause und schluchzt laut auf: „Dann habe ich einfach das rote T-Shirt eingesteckt." Jonas bekommt große Augen. „Aber die Verkäuferin hat mich gesehen. Sie hat mich festgehalten und meine Eltern angerufen." Marie kullern die Tränen übers Gesicht. „Ich weiß, dass das dumm war. Aber was soll ich denn jetzt machen? Selbst Papa hat mich nicht mehr lieb", schluchzt Marie. „Das glaube ich nicht", versucht Jonas seine Freundin zu beruhigen. „Er ist sauer, aber er hat dich lieb, da bin ich ganz sicher!", tröstet er sie.

„Jetzt soll ich mich im Laden entschuldigen, aber davor habe ich richtig Angst." Jonas überlegt kurz: „Ich könnte ja mitkommen. Dann bist du nicht allein!" „Das würdest du machen?", staunt Marie. „Klar!" Da überlegt sie nicht mehr lange: „Dann mache ich das."

Jesus und der Zöllner Zachäus

Aufgabe: Spiele die Geschichte mit deinen Freunden als Laufgeschichte nach! Stellt dafür so viele Stühle in zwei Reihen Lehne an Lehne auf, wie Kinder mitmachen wollen. Verteilt nun die Rollen: Jesus, Jünger, Zachäus, Leute und (Maulbeer-)Baum. Seid ihr mehr als 6 Kinder, werden Rollen doppelt besetzt. Einer ist der Erzähler und liest die Geschichte vor. Immer, wenn ein Kind seinen Rollennamen hört, steht es auf, läuft im Kreis um die Stühle und setzt sich wieder hin.

Als Jesus mit seinen Jüngern nach Jericho kam, erfuhr der Zöllner Zachäus davon. Er war der oberste Zollpächter der Stadt und von den Römern eingesetzt.

Zachäus nahm den Menschen immer mehr Geld als Zoll ab, als er eigentlich durfte. So war er nicht nur sehr reich, sondern bei den Leuten auch sehr unbeliebt.

Über Jesus hatte Zachäus schon viel gehört. Er wollte diesen Mann und seine Jünger, über die alle redeten, unbedingt sehen.

So stellte auch er sich an die Straße, an der dieser Wunderheiler vorbeikommen musste. Mit ihm standen dort viele andere Leute und warteten auf Jesus.

Allmählich breitete sich Unruhe aus. Das konnte nur bedeuten, dass Jesus mit seinen Jüngern in der Nähe war. Die Menschenmenge wurde lauter und schob und drängte sich mehr und mehr zusammen.

Zachäus war sehr klein. So konnte er nicht über die Köpfe der anderen Leute hinwegsehen.

Er wusste, dass keiner ihm freiwillig Platz machen würde. So sah er sich in alle Richtungen um und entdeckte einen Maulbeerbaum. Mit großen Schritten eilte Zachäus dorthin und erklomm seinen Stamm. Oben in den Ästen des Maulbeerbaums hatte man einen tollen Ausblick. Er sah über die Köpfe der vielen Leute hinweg. Keiner ahnte, dass er dort saß, und so konnte ihn auch keiner mehr stören. Das Blätterwerk des Baumes verbarg ihn. Als Jesus und die Jünger die Straße entlangkamen, konnte er sie ganz genau sehen. Zachäus war aufgeregt. Er sah, wie alle Leute sich um die Schar der Männer drängten, um einen Blick auf Jesus zu erhaschen. Was er doch für ein Glück hatte, hier oben im Baum zu sitzen. Doch plötzlich stockte ihm der Atem. Was war denn das? Jesus blieb genau unter seinem Baum stehen. Und jetzt sah er auch noch zu ihm hinauf.

Zachäus erschrak. Sein Herz klopfte ganz laut und schnell. Da lächelte Jesus ihn an und sagte: „Zachäus, steig vom Baum herunter, denn ich möchte heute bei dir zu Gast sein und mit dir in deinem Haus essen!"

Die Leute sahen sich verblüfft an. Jesus wollte bei Zachäus essen? Ausgerechnet bei diesem Betrüger? Wusste er denn nicht, was das für einer war? Da gab es doch viel bessere Leute in der Stadt als diesen!

Zachäus rief überrascht: „Bei mir?" Nie wollte jemand mit ihm essen!

Er purzelte vor Aufregung fast vom Baum, so sehr freute er sich über diese Ehre.

Dann lief er schnell nach Hause, um alles für seinen Gast und dessen Freunde vorzubereiten.

Als Jesus und seine Jünger mit Zachäus zusammensaßen, aßen und tranken sie miteinander. Es wurde gelacht und gescherzt, aber auch ernsthaft miteinander gesprochen.

Nach dem Essen stand Zachäus auf und sagte: „Jesus, ich danke dir, dass du heute in mein Haus gekommen bist und mir deine Freundschaft geschenkt hast. Ich habe heute verstanden, dass ich viel falsch gemacht habe. Ich habe mich gegen Gott und die Menschen versündigt. Gern möchte ich versuchen, mich zu bessern. Ich will die Hälfte meines Vermögens den Armen geben. Wenn ich von jemanden zu viel gefordert habe, gebe ich ihm das Vierfache zurück."

Die Jünger sahen einander verwundert an. Jesus aber sagte: „Heute ist das Heil in dein Haus gekommen!" Und er segnete Zachäus. Die Leute aber waren erstaunt über die Veränderung, die sie in der nächsten Zeit an Zachäus erleben konnten.

Nach Lukas 19,1–10

Zachäusgebet

Jesus,
du hast Zachäus vom Baum heruntergerufen.
Du hast ihm gezeigt,
dass Gott jeden Menschen liebt.
Auch ich bin kostbar und von dir geliebt.
Egal, was ich tue,
ich darf zu dir kommen.
Ich bin dir nicht zu klein.
Wir können Freunde sein,
dafür danke ich dir.
Amen.

1 ☐ Das Geld wurde mit der Zeit immer weniger und schließlich hatte er alles ausgegeben. Was sollte er tun? Er versuchte, sich bei seinen Freunden Geld zu leihen, aber sie gaben ihm nichts.

10 ☐ Der jüngere Sohn wollte jedoch in die Welt hinaus und etwas erleben. Eines Tages bat er seinen Vater um seinen Erbteil. Traurig gab ihm der Vater das Geld.

☐ Je länger er nachdachte, umso klarer wurde ihm, dass er vieles falsch gemacht hatte. Es tat ihm sehr leid. Er erinnerte sich, dass es selbst den Knechten bei seinem Vater gut ging. So beschloss er, nach Hause zurückzukehren.

☐ Ein Vater hatte zwei Söhne. Sie hatten alles, was sie zum Leben brauchten. Sie wohnten in einem großen Haus. Es ging ihnen gut, nichts fehlte ihnen.

☐ Dann ging er von Tür zu Tür und fragte nach Arbeit. Überall wurde er abgewiesen. Er war verzweifelt. Schließlich bot ihm ein reicher Bauer aus Mitleid eine Arbeit als Schweinehirt an.

☐ Der Vater sah seinen jüngeren Sohn schon von Weitem näher kommen. Voller Freude eilte er ihm entgegen. Als er endlich bei ihm war, schloss er ihn in seine Arme. Der Sohn weinte und sagte alles, was er sich auf dem Weg nach Hause überlegt hatte.

☐ Dort saß er nun, allein, im Schmutz, umringt von grunzenden Schweinen. Er hatte Hunger, doch nicht einmal vom Schweinefutter durfte er essen. Da begann der jüngere Sohn, über sein Leben nachzudenken.

☐ Der Vater schenkte ihm ein neues Gewand, einen Ring und Schuhe. Er rief alle Nachbarn und Freunde zusammen und sagte: „Wir wollen feiern, essen, trinken und fröhlich sein, denn mein Sohn war tot und lebt wieder, er war verloren und ist wiedergefunden worden."

☐ Auf dem langen Weg zurück überlegte er, wie er seinen Vater um Verzeihung bitten könnte. Er wollte sagen: „Ich bin es nicht mehr wert, dein Sohn genannt zu werden. Bitte nimm mich als Knecht bei dir auf."

☐ Der Sohn ging weit fort in ein anderes Land. Dort gab er das Geld mit vollen Händen aus. Er lebte in Saus und Braus. Sein neues Leben gefiel ihm und er fand viele neue Freunde.

Nach Lukas 15,11–24

Die Geschichte vom Religionslehrer

Herr Frank, der beliebte Religionslehrer, kommt die Treppe herauf und hört, wie sich oben im Flur vor dem Klassenzimmer fünf Jungs unterhalten.

Max: „Ich habe viel mehr Sünden als der Karl."

Jonas: „Ach, das ist doch gar nichts! Der Konrad hat noch deutlich mehr als du."

Max: „Ne, das ist Quatsch. Das sind ganz viele von derselben Sorte."

Friedrich: „Ja, welche hast du denn anzubieten?"

Kopfschüttelnd geht Herr Frank in Richtung des Klassenzimmers und sagt im Vorbeigehen: „Jungs, ich glaube, wir müssen uns mal unterhalten."

Neugierig flitzen die Kinder hinterher. Unterhaltungen mit ihrem Religionslehrer mögen sie. In der Klasse angekommen, nimmt er einen Beutel mit Kerzen und Streichhölzern aus dem Schrank, lässt die Kinder ihre Jacken anziehen und geht mit der ganzen Klasse in die nahe Kirche. Die Kirche lässt er unbeleuchtet, nur die Osterkerze wird entzündet. Um die Kerze herum setzen sich alle auf Sitzkissen.

Leise beginnt Herr Frank zu sprechen und aufmerksam lauschen ihm die Kinder: „Ihr seid jetzt Kommunionkinder. Bald wollt ihr zur Erstkommunion gehen. Als ihr noch ganz klein ward, haben eure Eltern die meisten von euch taufen lassen. Dabei wurde eure Taufkerze an der Osterkerze entzündet. Wisst ihr noch, für wen die Osterkerze ein Symbol ist?"

Max antwortet schnell: „Für Christus."

„Richtig", gibt Herr Frank zurück. „Ihr habt sozusagen das Licht Christi geschenkt bekommen. Das bedeutet, dass auch ihr **Licht für die Welt** sein sollt. Heute dürft ihr in Erinnerung daran eine kleine Kerze an der Osterkerze entzünden. Sie soll euch an eure Taufe erinnern und daran, dass ihr hell und freundlich wie ein Licht in dieser Welt sein sollt."

Nachdem alle Kinder die Kerzen entzündet haben, fährt er fort: „Hat sich jetzt etwas verändert?"

Marie meint: „Ich habe das Gefühl, es ist etwas wärmer geworden!"

Paula sagt: „Ich finde, es ist viel heller."

Friedrich meldet sich und sagt: „Es ist irgendwie gemütlicher."

„All das, was ihr aufgezählt habt, ist richtig. Ich habe in den letzten Tagen und Wochen etwas in eurer Klasse beobachtet." Alle schauen Herrn Frank neugierig an und er spricht weiter: „Max und Friedrich haben sich letztens ganz heftig miteinander gezankt. Das ging so lange, bis sie sich nicht mehr angesehen haben. Mehrere Tage lang."

Herr Frank ist aufgestanden und hat die Kerzen der beiden Kinder ausgepustet. Beide schauen erschreckt auf ihre Kerzen. Dann sehen sie ihren Lehrer an. Der ist schon ein Stück weitergegangen und sagt: „Wenn man so miteinander umgeht, ist es, als wenn man sein Licht, das man von Christus geschenkt bekommen hat, selber auspustet."

Dann spricht er weiter: „Katja hat letztens ihre neuen Stifte mitgebracht. Paula, ihre beste Freundin, wollte auch gern damit malen, das konnte man sehen. Aber Katja hat sie immer wieder bitten lassen, bis Paula richtig traurig war. Erst dann durfte Paula damit malen, aber so richtig fröhlich sah das nicht mehr aus. Es war, als wäre es um sie herum dunkler geworden." Ehe Paula und Katja noch etwas sagen können, sind auch ihre beiden Kerzen ausgepustet. Auch sie sehen ihren Lehrer mit großen Augen an.

Frieda und Konrad sind Geschwister. Frieda stupst Konrad an und sagt: „Du hast letztens behauptet, in den Kirschen wären vor dem Backen Maden gewesen. Da mochte ich mein Stück Kirschkuchen nicht mehr und du hast es bekommen."

Konrad gibt kleinlaut zu: „Ja, das stimmt. Du hattest das viel größere Stück, und da war ich neidisch und hab es dir nicht gegönnt. Aber so richtig hat es mir dann auch nicht mehr geschmeckt."

„Für Frieda war der Spaß am Kaffeetrinken vorbei, oder?", fragt der Religionslehrer.

Konrad nickt. Und schon sind auch diese beiden Kerzen ausgepustet.

So geht es die Runde herum, bis am Ende alle Kerzen ausgepustet sind. Alle, außer eine. Die Kerze von Herrn Frank. „Meine Kerze brennt noch, mache ich denn nie etwas falsch?", fragt er in die Runde und schaut die Kinder erwartungsvoll an.

Alle schauen verlegen zu Boden. Da hören sie die vorsichtige Stimme von Frieda: „Du versprichst schon ganz lange, uns das Buch mit der Geschichte von David und Goliath mitzubringen, vergisst es aber immer."

„Aber wehe, ihr vergesst mal eine Hausaufgabe! Dann gibt es gleich einen Eintrag im Hausaufgabenheft, stimmt's?" Die Kinder nicken. „Na, dann, Frieda, puste doch bitte auch meine Kerze aus." Vorsichtig folgt sie der Bitte.

Alle sehen einander an. „Wie fühlt sich das jetzt an?", hören sie Herrn Frank in die Stille hinein fragen.

Friedrich sagt: „Es ist kalt und dunkel!" Paula ergänzt: „Und ungemütlich."

„So ist es, wenn wir nicht gut miteinander umgehen, nicht aufeinander achten, sondern nur uns selber sehen. Dann wird unsere Umgebung und damit auch unsere Welt ein Stück dunkler, kälter und ungemütlicher. Jedem von uns passiert das. Jeder von uns macht etwas falsch. Das ist menschlich und gehört zu uns Menschen dazu. Es ist aber wichtig, dass wir immer wieder versuchen, auf unser Verhalten zu achten. Was könnte man machen, wenn man merkt, dass das eigene Verhalten falsch war und andere verletzt hat?"

Die Kinder überlegen.

Max spricht in die Stille: „Man kann sich entschuldigen." Friedrich ergänzt: „Man könnte versuchen, es wiedergutzumachen." Und Jonas sagt: „Man kann es zu Gott bringen." Der Religionslehrer hat bei jeder Antwort der Kinder unmerklich genickt.

„Ja", sagt er, „all diese Dinge kann man dann machen. Wichtig dabei ist nur, dass man es sehr ernst meint, wir sagen dazu auch, dass man es wirklich bereut.

Ein paar Jungen habe ich vorhin über Sünden sprechen hören und es klang so, als wenn sie mit ihnen prahlen wollten. Darum wollte ich gern mit euch allen darüber sprechen."

Verlegen sehen die fünf auf den Boden.

„Wenn wir etwas falsch machen, dann sind wir nicht mehr hell und freundlich. Es ist dann oft nicht schön, in unserer Umgebung zu sein. Darum kann man mit Sünden, also mit den Dingen, die wir falsch machen, auch nicht prahlen. Jesus möchte, dass wir Helligkeit und Wärme verstrahlen. Darum sollen wir uns immer wieder bemühen, gut zu sein. Wenn es schiefgeht, dürfen wir damit

zu Gott kommen. Das tut man zum Beispiel in der Beichte. Dort sagen wir dem Priester, was uns leidtut. Er überlegt dann mit uns, wie man es besser machen könnte und wie es vielleicht wiedergutzumachen ist. Dann spricht er uns von den Sünden, von der Schuld frei. Gott schenkt uns einen Neuanfang, so wie er jedem von uns in der Taufe einen neuen Anfang als Kind des Lichtes geschenkt hat. So können wir wieder Licht und Wärme weitergeben.

Ein sichtbares Zeichen dafür ist es, wenn ihr bald nach der Erstbeichte eure Kerze an der Osterkerze wieder entzünden dürft. Jesus sagt dann zu jedem: ‚Ich freue mich, dass du zu mir gekommen bist. Es ist schön, dass du neu beginnen möchtest. Gern schenke ich dir wieder mein Licht, damit du im Herzen fröhlich bist und du freundlich, warmherzig und hell wie ein Licht für die Welt sein kannst.'"

Nach der Geschichte „Kerzen"
von Lene Mayer-Skumanz

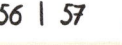

Das wiedergefundene Schaf

Aufgabe: Lies den Text. Dann male und klebe mit Watte einige weiße Schafe auf die Wiese unter dem Text, damit das schwarze Schaf nicht allein bleibt!

Jesus war ein Freund der Menschen, besonders derer, die ausgegrenzt wurden. Er wollte den Armen, Kranken, Einsamen und Sündern nahe sein und ihnen helfen. Die Reichen und Gelehrten sahen das mit kritischen Blicken und machten Jesus deswegen immer wieder Vorwürfe.

Da erzählte er ihnen eines Tages folgende Geschichte:

„Es war einmal ein Hirte, der eine große Herde von 100 Schafen hütete. Die Schafe waren fast alle weiß, aber es gab auch ein kleines schwarzes Schaf. Es war anders als die 99 anderen Tiere der Herde. Nicht nur, dass es von Kopf bis Fuß schwarz war, nein, es war auch sonst anders. Oft war es viel langsamer als die anderen. Es träumte vor sich hin und stolperte über jeden Stein. Es trödelte herum, suchte nach Blumen und ließ die anderen warten. Und nicht nur das: Immer wieder stupste und schubste es die anderen. Die weißen Schafe ärgerten sich darum oft über das schwarze Schaf. Sie redeten schlecht über es und sagten: ‚Was für ein unerzogener Dickkopf! Immer macht es, was es will!'

Wegen seiner Tollpatschigkeit und Trödelei musste der Hirte immer wieder nach dem schwarzen Schaf schauen. Er sammelte ihm die Dornen aus dem Fell oder trug pflegende Salben auf. Manchmal nahm er es sogar in seine Arme und trug es ein Stück des Wegs. Das fanden die anderen Schafe ungerecht. Sie sagten: ‚Ständig kümmert er sich um das schwarze Schäfchen. Für uns hat er kaum noch Zeit.'

Als der Hirte eines Abends wie immer seine Herde zusammentrieb und zählte, fehlte das schwarze Schaf. Eine dicke, dunkle Wolkenwand schob sich langsam über den nahen Berggipfel und es wurde dunkel. Besorgt ließ er die 99 anderen Schafe zurück und machte sich auf die Suche nach dem einen verloren gegangenen Schäfchen.

Die 99 weißen Schafe aber murrten: ‚Das geschieht dem schwarzen Schaf ganz recht. Soll es doch bleiben, wo es ist.' Und sie kuschelten sich aneinander.

Der Hirte aber lief und rief nach seinem Schäfchen. Immer wieder blieb er stehen und lauschte. Endlich vernahm er weit weg ein klägliches Mähen. Er folgte dem Ge-

räusch, bis er das Tier fand: müde, matt und verletzt. Er nahm es vorsichtig auf seine Schultern, glücklich, es gefunden zu haben. Das schwarze Schäfchen schmiegte sich dankbar an ihn. Der Hirte trug es voller Freude nach Hause. Er rief seine Freunde und Nachbarn zusammen und sagte: ‚Freut euch mit mir, mein kleines schwarzes Schaf war verloren und nun habe ich es wiedergefunden.'"

Nachdem Jesus diese Geschichte erzählt hatte, sagte er zu den Reichen und Gelehrten: „So wie der gute Hirte freut sich auch Gott, wenn ein Mensch, der sich verirrt hat, wieder zu ihm zurück nach Hause findet."

Nach Lukas 15,1–7

Aufgabe: Markiere in der Wortwolke alles Gute mit einer hellen Farbe. Für alles, was das Leben finster macht, nimm eine dunkle Farbe!

zu viel Süßes essen

das Gute im anderen sehen

ehrlich sein

den Unterricht stören

teilen

Ausgeliehenes nicht zurückgeben

liebevoll miteinander umgehen

Freundschaften pflegen

nicht verlieren können

lächeln

beten

auslachen

dankbar sein

Zimmer aufräumen

andere ausschließen

andere ärgern

die Wahrheit sagen

TRÖSTEN

fluchen

lästern

Rücksicht nehmen

beleidigen

HELL

aufmerksam sein

lügen

zuverlässig sein

sich entschuldigen

DUNKEL

Nähe schenken

Schwächere verspotten

Tiere quälen

miteinander spielen

Hilfe unterlassen

in die Kirche gehen

Ausreden erfinden

verzeihen

sich streiten

geduldig sein

hauen

füreinander Zeit haben

jemandem die Schuld in die Schuhe schieben

miteinander reden

Dinge mit Absicht kaputt machen

meckern

Eltern bei der Hausarbeit helfen

Müll in den Park werfen

Gott mit Gesang loben

mit Worten und Taten verletzen

Wasser und Energie sparen

Beichtspiegel

Ich schaue auf mein Leben und frage mich:

Wie ist mein Leben mit Gott?

Ich kann mir Zeit für Gott nehmen.
Ich kann in das Haus Gottes gehen
und Gottesdienst feiern.
Ich kann mit Gott reden.
Ich kann zu Gott stehen, auch wenn
es manchmal schwierig ist.

Wie gehe ich mit mir selber um?

Ich kann für Fehler um Verzeihung bitten.
Ich kann mich anstrengen.
Ich kann sauber und frisch gekleidet sein.
Ich kann auf meine Gesundheit achten.

Wie lebe ich in meiner Familie?

Ich kann so leben, dass ich
meinen Eltern Freude mache.
Ich kann mir Zeit
für meine Großeltern nehmen.
Ich kann mit meinen Geschwistern
geduldig sein.
Ich kann auch einmal nachgeben.
Ich kann im Haushalt helfen.

Wie gehe ich mit Gottes Schöpfung um?

Ich kann die Schönheit der Schöpfung
sehen und mich daran freuen.
Ich kann meinen Müll mitnehmen
und nicht herumliegen lassen.
Ich kann mit dem Essen achtsam umgehen
und nichts unnötig verkommen lassen.

Wie gehe ich mit meinen Mitmenschen um?

Ich kann mich so verhalten, dass sich
andere in meiner Nähe wohlfühlen.
Ich kann ein guter Freund sein.
Ich kann Streit schlichten.
Ich kann mich mitfreuen,
wenn es anderen gut geht.
Ich kann hilfsbereit sein.
Ich kann trösten.

Wie gehe ich mit Tieren, z. B. mit meinem Haustier, um?

Ich kann dafür sorgen,
dass sich mein Haustier wohlfühlt.
Ich kann mit ihm spielen und es füttern.

Es ist toll, was ich alles kann!

Es ist toll, dass ich durch mein Handeln viel Freude schenken kann.

Es ist toll, dass ich durch mein Verhalten meine Umgebung hell und freundlich machen kann.

Leider handle ich manchmal anders, dann mache ich Gott und die Menschen mit meinem Verhalten traurig.

Tipp: Im Gotteslob unter Nummer 598 findest du noch einen Beichtspiegel.

Erklärung und Ablauf der Beichte

Ich überlege mir, was ich Gott erzählen möchte.
Ich gehe zum Priester und beginne
mit dem Kreuzzeichen:
„Im Namen des Vaters und des Sohnes
und des Heiligen Geistes. Amen."
Dann sage ich, wann ich das letzte Mal
zur Beichte war.
Danach erzähle ich, was mir leidtut.
Der Priester spricht mit mir.
Wir überlegen gemeinsam, wie ich
meine Fehler wiedergutmachen kann.
Dann bekomme ich eine Aufgabe.
Der Priester gibt mir die Lossprechung.
Wir machen gemeinsam das Kreuzzeichen.
Ich antworte: „Amen."
Nach der Beichte kann ich noch einen
Moment in der Kirche ruhig knien oder sitzen.
Wenn ich einen Auftrag erhalten habe,
den ich gleich erledigen kann, tue ich das.

Dankgebet nach der Beichte

Guter Gott,
ich darf immer zu dir kommen,
egal, was mir auf dem Herzen liegt.
Du schickst mich nicht weg.
Du nimmst mich an
und schenkst mir Versöhnung.
Dafür danke ich dir,
jetzt und mein ganzes Leben.
Amen.

» KOMM ZUM FEST DES LEBENS «

Du bist einem Geheimnis auf der Spur, das unser Leben
zum Fest macht: ein Geheimnis, mit dem wir den Weg
über den Tod hinaus zum ewigen Leben gehen.
Du feierst es nicht allein, sondern in Gemeinschaft
mit Gott und vielen anderen Menschen.
Kommunion ist das größte Geschenk. Gott selbst
schenkt sich dir. Das macht dich stark für dein Leben.

Omas Lieblingskuchen

Als Marie die Tür öffnet, weht Jonas köstlicher Kuchenduft entgegen. „Wer hat denn bei euch Geburtstag?", fragt er. „Niemand", antwortet Marie, „aber am Wochenende kommen meine Tanten und mein Onkel mit ihren Familien zu uns. Dafür haben wir gerade gebacken." „Riecht richtig gut. Was gibt es denn zu feiern?"

„Vor zwei Jahren ist meine Oma gestorben", erklärt Marie. „Seitdem treffen wir uns an ihrem Todestag mit der ganzen Familie."

Jonas ist verwundert: „Gibt es denn nicht einen besseren Grund, sich zu treffen? Das ist bestimmt ziemlich traurig." „Eigentlich nicht. Erstens hatten wir unsere Oma sehr lieb und zweitens glauben wir doch, dass sie jetzt im Himmel ist."

„Also ich finde sterben doof", beharrt Jonas. Eine Weile schweigen sie. „Ich glaube, sterben findet jeder doof", sagt Marie schließlich.

Marie erzählt Jonas von ihrer Oma. Wie sie mit ihr „Mensch ärgere Dich nicht" gespielt hat, wie sie zusammen Kuchen gebacken haben, wie sie krank geworden ist und wie sie voneinander Abschied nehmen mussten: „Als Oma gestorben ist, waren wir alle ziemlich traurig. Aber jetzt ist es immer sehr schön, wenn alle zusammenkommen. Wir denken an Oma, essen ihren Lieblingskuchen und erzählen Dinge, die wir zusammen erlebt haben. Dabei müssen wir oft lachen, weil Oma so lustige Geschichten erzählt hat." „Und was hat sie erzählt?", will Jonas wissen. „Los, wir fragen meine Mutter, ob du auch zum Kaffee kommen darfst. Dann erfährst du, wie witzig und cool meine Oma war." Beide rennen in die Küche.

Das letzte Abendmahl

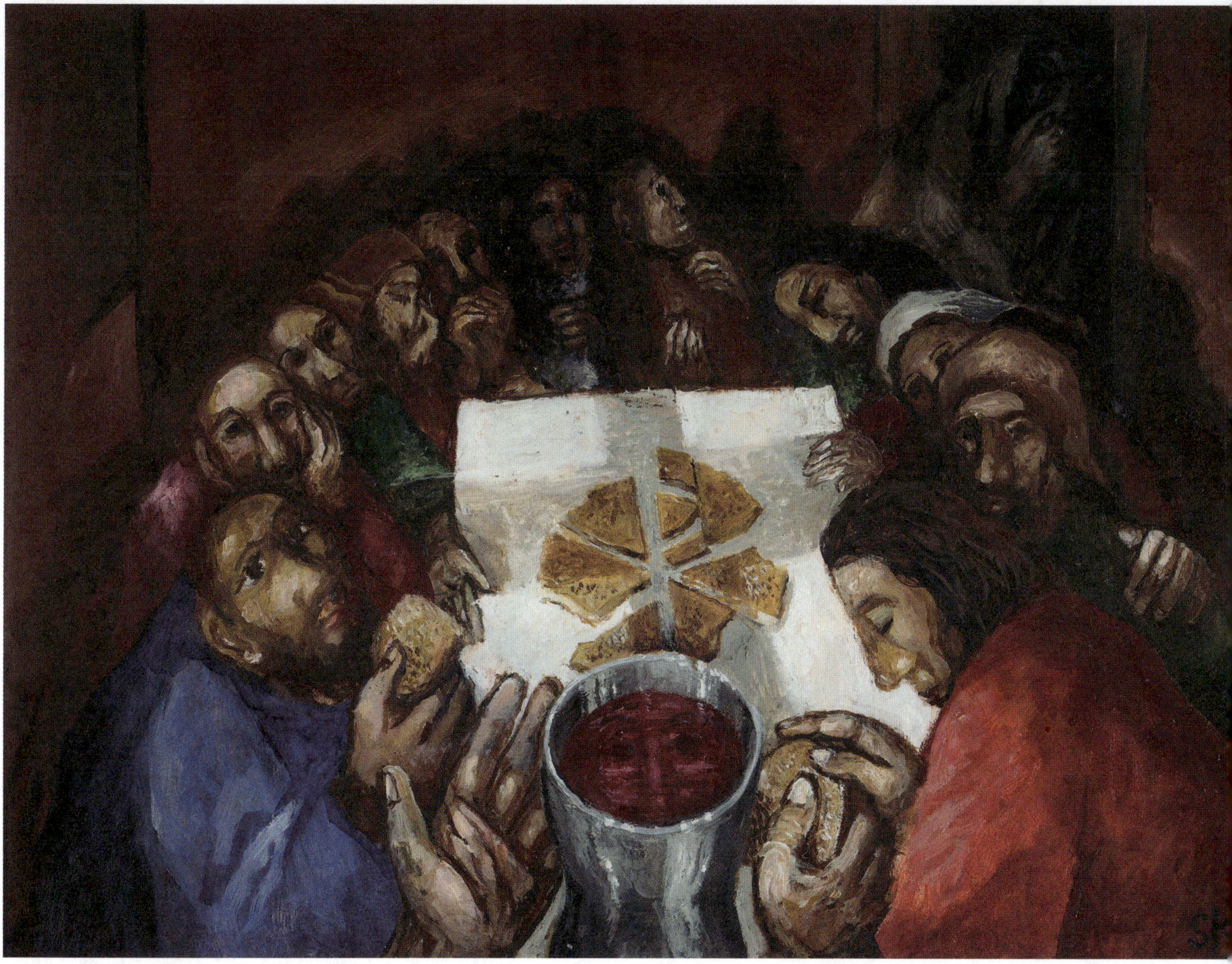

Sieger Köder

Jesus wird zum Tode verurteilt

Jesus wird festgenommen und vor den römischen Stadthalter Pontius Pilatus gebracht. Falsche Zeugen klagen Jesus an. Pilatus weiß, dass Jesus unschuldig ist. Weil die Menge aber aufgebracht fordert: „Kreuzige ihn", verurteilt er Jesus trotzdem zum Tod am Kreuz.

Jesus nimmt das Kreuz auf sich

Die Soldaten peitschen Jesus aus und verspotten ihn mit einer Dornenkrone. Dann legen sie ihm den Kreuzbalken auf die Schultern. Er muss die Last den weiten Weg durch die Stadt bis zur Hinrichtungsstätte auf dem Hügel Golgota tragen. Viele Menschen warten schon am Straßenrand auf das Spektakel. Jesus nimmt das Kreuz auf sich und beginnt den schweren Weg.

Jesus fällt unter dem Kreuz

Jetzt ist Jesus schon fast oben auf dem Hügel Golgota, der Schädelhöhe genannt wird. Es ist späte Mittagszeit und die Sonne brennt. Jesus bricht erneut unter der Last des Kreuzes zusammen. Dreimal ist er gefallen. Manche Menschen haben nur zugeschaut, andere haben ihm geholfen. Jesus ist entkräftet und hat große Schmerzen. Trotzdem steht er wieder auf.

Jesus stirbt am Kreuz

Auf dem Hügel angekommen, wird Jesus seiner Kleider beraubt und ans Kreuz genagelt. Ein Schild mit seiner angeblichen Schuld wird über seinem Kopf angebracht. „Jesus von Nazaret, König der Juden" steht darauf. Das Kreuz wird aufgerichtet. Jesus spricht seine letzten Worte: „Vater, in deine Hände lege ich meinen Geist." Danach stirbt er.

Der Weg nach Emmaus

Die Jünger waren sehr traurig. Sie hatten gar keine Hoffnung mehr. Jesus, auf den sie all ihre Hoffnung gesetzt hatten, war tot. Er war sogar begraben worden. Und nun war schon der dritte Tag, und nichts passierte. Die Jünger gingen niedergeschlagen weg. Zwei von ihnen kehrten wieder nach Hause zurück, in ihr Dorf Emmaus.

Als die beiden unterwegs waren, kam ein Mann hinzu. Die Jünger kannten ihn nicht. Auf dem Weg sprachen sie mit dem Fremden über alles, was geschehen war. Sie erklärten ihm, was alles in Jerusalem mit Jesus passiert war, und warum sie so traurig waren. Der Fremde dachte nach und fragte sie, ob das alles nicht geschehen musste, damit sich die Schrift, das Wort Gottes, erfüllen konnte. Durch das Gespräch und die Worte des Fremden fühlten sich die zwei Jünger schon etwas besser und der Weg war nicht mehr so schwer zu gehen.

Als sie in ihrem Heimatdorf ankamen, wollte der Fremde weitergehen. Die Jünger aber sagten: „Bleibe bei uns, es wird bald Abend. Du sollst uns noch nicht verlassen, jetzt, wo auch der Tag uns schon verlassen will." Und der Fremde blieb und setzte sich mit ihnen an den Tisch, um zu essen.

Beim Essen nahm der Fremde das **Brot** in seine Hände. Er segnete das Brot, zerbrach es und gab das Brot den Jüngern.

Da gingen den Jüngern die Augen auf und sie erkannten ihn, Jesus. Dann war er nicht mehr zu sehen.

Da wandten sie sich einander zu. Ihre Trauer wandelte sich in Freude. Und sie sagten zueinander: „Brannte uns nicht das **Herz**, als er unterwegs mit uns redete? Und uns den Sinn der Schrift erklärte?"

Noch in derselben Stunde brachen sie auf und kehrten nach Jerusalem zurück.

Nach Lukas 24,13–35

„... und sie erkannten ihn, als er das Brot brach."

In jeder Eucharistie feiern wir die Auferstehung Jesu.
Er ist uns im gebrochenen Brot auf besondere Weise ganz nah.

Jesu Geschenk für uns

Jesus nahm beim letzten Abendmahl das Brot, sprach den Segen darüber und teilte es unter seinen Jüngern aus. Er sagte: „Nehmt und esst alle davon, das ist mein Leib, der für euch hingegeben wird." Er nahm auch den Kelch mit Wein, dankte Gott, und gab diesen an seine Freunde weiter.

Danach sprach Jesus: **„Tut dies zu meinem Gedächtnis."**

Das, was an diesem Abend geschehen ist, sollten seine Freunde nicht vergessen. Mehr noch, Jesus gab ihnen damit den Auftrag, immer wieder dieses Mahl der Gemeinschaft miteinander zu halten. Jesus hatte ihnen versprochen, dann mitten unter ihnen zu sein.

Was das genau bedeutete, sollten sie erst nach Jesu Tod verstehen: Zwei der Jünger, die nach Emmaus gingen, haben ihren Freund und Meister Jesus nach dessen Tod erkannt, als er das Brot für sie brach. In diesem Moment gingen ihnen die Augen des Herzens auf und sie kehrten fröhlich zu den anderen Jüngern zurück. Sie erzählten ihnen, was sie erfahren hatten: „Jesus ist nicht mehr tot. Er ist auferstanden. Jesus lebt!"

Im Licht der Auferstehung verstanden sie, welches große Geschenk ihnen Jesus beim letzten Abendmahl gemacht hatte. **Immer, wenn sie von nun an das Brot und den Wein teilten, wussten sie: Jesus lebt und ist leibhaftig unter uns.**

Das haben sie weitererzählt. Diese Freude konnten sie nicht für sich behalten. Und so wissen auch wir heute davon und dürfen glauben: **Jesus ist in jeder Eucharistiefeier auf besondere Weise bei uns.** Er möchte in Brot und Wein ganz nah und erfahrbar zu uns kommen.

Heilige Messe

1. ERÖFFNUNG

EINSTIMMUNG

Ich komme in die Kirche, mache am Eingang ein Kreuzzeichen mit Weihwasser, eine Kniebeuge und suche mir leise einen Platz.

EINZUG

Der Priester zieht mit den Ministranten ein.

ERÖFFNUNG

Priester: „Im Namen des Vaters ..."
Priester: „Der Herr sei mit euch."
Wir: „Und mit deinem Geiste."

SCHULDBEKENNTNIS

Ich überlege, was schiefgelaufen ist, und sage: „Ich bekenne ..."

KYRIE

Wir begrüßen Jesus und rufen: „Herr, erbarme dich. Christus, erbarme dich. Herr, erbarme dich."

GLORIA

Wir loben Gott: „Ehre sei Gott ..."

TAGESGEBET

Priester: „Lasset uns beten."
Im Stillen kann ich Gott sagen, was mir am Herzen liegt.

2. WORTGOTTESDIENST

ERSTE LESUNG

Wir hören einen Text aus dem Alten Testament.
Lektor: „Wort des lebendigen Gottes."
Wir: „Dank sei Gott."

ANTWORTGESANG

Wir antworten mit einem Psalm oder Lied.

ZWEITE LESUNG

Wir hören einen Text aus dem Neuen Testament.
Lektor: „Wort des lebendigen Gottes."
Wir: „Dank sei Gott."

HALLELUJA

Wir begrüßen Jesus Christus, der in seinem Wort unter uns ist: „Halleluja."

EVANGELIUM

Wir hören einen Text aus dem Evangelium.
Priester: „Der Herr sei mit euch." Wir: „Und mit deinem Geiste."
Priester: „Evangelium unseres Herrn Jesus Christus."
Wir: „Lob sei dir, Christus."

PREDIGT

Gut zuhören, denn es geht um die Bedeutung
der Worte Gottes für uns.

GLAUBENSBEKENNTNIS

Wir sprechen gemeinsam das Glaubensbekenntnis:
„Ich glaube an Gott ..."

FÜRBITTEN

Wir bringen Sorgen und Nöte der Menschen vor Gott.

3. EUCHARISTIEFEIER

GABENBEREITUNG

Wir bringen Brot und Wein zum Altar.

KOLLEKTE

Wir sammeln Gaben und Geld für die Armen und die Kirche.

GABENGEBET

Im Gebet bitten wir Gott, dass er uns und unsere Gaben annimmt.

PRÄFATION

Mit diesem Preis und Dank beginnt das Hochgebet.
Priester: „Der Herr sei mit euch." Wir: „Und mit deinem Geiste."
Priester: „Erhebet die Herzen." Wir: „Wir haben sie beim Herrn."
Priester: „Lasset uns danken dem Herrn, unserm Gott."
Wir: „Das ist würdig und recht."

SANCTUS

Wir preisen die Größe Gottes: „Heilig, heilig, heilig."

HOCHGEBET

Nach den Einsetzungsworten lädt der Priester ein:
„Geheimnis des Glaubens:"
Wir: „Deinen Tod, o Herr, verkünden wir, und deine Auferstehung
preisen wir, bis du kommst in Herrlichkeit."

VATERUNSER

Alle: „Vater unser im Himmel ..."

FRIEDENSGEBET

Priester: „Der Friede des Herrn sei allezeit mit euch."
Wir: „Und mit deinem Geiste."

AGNUS DEI

Wir singen: „Lamm Gottes, du nimmst hinweg die Sünde der Welt."

EINLADUNG ZUR KOMMUNION

Priester: „Seht das Lamm Gottes, das hinwegnimmt die Sünde der Welt."
Wir: „Herr, ich bin nicht würdig, dass du eingehst unter mein Dach. Aber sprich nur ein Wort, so wird meine Seele gesund."

KOMMUNION

Wir empfangen den Leib Christi.
Priester: „Der Leib Christi."
Ich: „Amen."

DANK

Ich danke Gott im Stillen, dass er jetzt bei mir ist.

SCHLUSSGEBET

Priester: „Lasset uns beten."

4. ABSCHLUSS

SEGEN

Der Priester segnet die Gemeinde.
Priester: „Der Herr sei mit euch."
Wir: „Und mit deinem Geiste."

SENDUNG

Wir bekommen den Auftrag, Gottes Liebe zu verkünden.
Priester: „Gehet hin in Frieden."
Wir: „Dank sei Gott, dem Herrn."

AUSZUG

Der Priester und die Ministranten ziehen aus.

FEST DES LEBENS
... in jeder heiligen Messe

Einlegegebet

So wie ich diese Hostie
in die Schale lege,
lege ich mein Leben
in deine Hände, Gott.

Kommunion-Knigge

Hände gewaschen?
Vor jedem Essen waschen
wir unsere Hände.
Achte darauf, dass deine Hände
auch sauber sind, bevor du
mit Gott Mahl hältst.

Mit dem Herzen dabei!
Wenn ich mit jemandem spreche,
bin ich aufmerksam. Ich zeige in
meiner Haltung: „Du bist mir wichtig."
Darum gehe ruhig und aufrecht
zum Kommunionempfang.
Die gefalteten Hände können dir
dabei helfen, dich zu sammeln.

Aufgeregt?
In der Kommunion
begegnest du Gott und
hast Gemeinschaft
mit vielen anderen.
Das ist aufregend, nicht nur
bei der Erstkommunion. Du nimmst
Gott in dein Herz auf. Er ist in dir,
um dich zu stärken. Versuche bei
jedem Kommunionempfang
daran zu denken.

Leib Christi

Der Pfarrer zeigt dir die Hostie
und sagt dazu: „Der Leib Christi."
So erinnert er dich daran:
Jesus ist in diesem kleinen Stück
Brot ganz da. Du antwortest: „Amen",
und sagst damit: „Ja, das ist so."
Forme mit deinen Händen
eine kleine Schale. Dabei sollte die
Schreibhand unter der anderen
Hand liegen. So kannst du
die Hostie mit der Schreibhand
in den Mund führen.

Innehalten

Gehe langsam und leise an deinen
Platz. In der Bank knie dich einen
Moment hin. Wenn du die Augen
schließt, kannst du besser
in dein Herz sehen. Dort möchte dir
Gott begegnen. Wie fühlt es sich an,
dass Gott dir so nahe ist?
Gern kannst du noch ein
Dankgebet sprechen.

Immer wieder neu

Du kannst die Gemeinschaft
mit Gott und der Gemeinde immer
wieder feiern und genießen.
Er ist für dich da. Immer wieder
kannst du zu ihm kommen
und ihm in der Kommunion
auf besondere Weise begegnen.

Abgelenkt?

Es gibt jedoch auch Tage, an denen
deine Freundschaft mit Gott
gestört ist. Du bist abgelenkt oder
er ist dir gerade nicht so wichtig.
Dann ist es nicht ehrlich, die
Gemeinschaft mit ihm im
Kommunionempfang zu feiern.
Du hast dann zwei Möglichkeiten:
Gern kannst du nach vorne
gehen. Lege dann eine Hand
auf dein Herz, um zu zeigen, dass
du den Segen Gottes empfangen
möchtest. Du kannst aber auch
einfach in der Bank sitzen bleiben
und Gott bitten, dass eure
Freundschaft wieder enger wird.

Gebete vor der Kommunion

Mein Leben ist schön.
Gott, du schenkst mir so viel Gutes.
Ich danke dir dafür!
Du bist ein toller Freund.
Du möchtest in der Kommunion zu mir kommen.
Mach mich bereit, dich zu empfangen.
Amen.

Jesus Christus, komm zu mir,
für uns Menschen bist du hier.
Staunend denke ich daran,
was du schon für mich getan.

Gerne möchte ich dich sehn,
deine Botschaft ganz verstehn.
Doch in Zeichen – Brot und Wein –
hüllst du dich, Sohn Gottes, ein.

Jesus, Herr der Herrlichkeit,
sieh, ich bin für dich bereit.
Ich lade dich voll Freude ein.
Lass mich immer bei dir sein.
Amen.

Gebete nach der Kommunion

Jesus, du bist jetzt ganz nah bei mir.
Wir sind eng miteinander verbunden.
Darauf vertraue ich ganz fest.
Für deine Nähe und Liebe danke ich dir.
Ich möchte dein Freund sein.
Erfülle mich immer mehr mit deiner Kraft.
Lass mich so leben, dass andere Menschen
deine Liebe spüren können.
Sei bei mir an jedem Tag der kommenden Woche!
Amen.

Jesus, du bist jetzt bei mir.
Herr und Gott, ich danke dir.
Du bist Christus, der mich liebt.
Es ist schön, dass es dich gibt.

Breite deine Liebe aus
unter uns in diesem Haus.
Wehre allem Hass und Streit!
Schenke Frieden weit und breit!

Bleibe bei uns, starker Herr,
denn wir brauchen dich so sehr!
Deine Wege lass uns gehen,
deine Herrlichkeit einst sehen.
Amen.

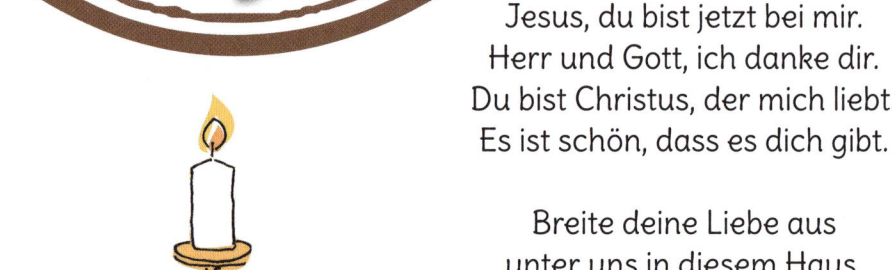

FLAGGE ZEIGEN

» UND WIE GEHT'S WEITER? «

Mit der Erstkommunion ist nicht alles zu Ende.

Du wirst gesegnet und in den Alltag gesendet.

Wie eine Fahne soll dein Glaube sichtbar sein.

Dabei sind deine Begabungen und deine Talente gefragt.

Dein Auftrag: Erzähl anderen von der Liebe Gottes!

Wo steckt Jonas?

Marie wundert sich. Wo bleibt Jonas nur heute? Ob er krank geworden ist? Schnell schnappt sie sich ihr Fahrrad und fährt zu ihm.

Jonas ist im Garten und versucht gerade, auf der Slackline zu balancieren. „Hallo Jonas", ruft Marie über den Zaun. Der erschrickt und fällt fast herunter. „Was machst du denn hier?", ruft Jonas. „Schon vergessen? Heute ist noch mal Kommuniontreffen." „Ach so, ja", antwortet Jonas einsilbig.

„Mach schon, hol dein Fahrrad, damit wir loskönnen." Marie tritt von einem Bein auf das andere. „Eigentlich ist die Erstkommunion doch schon vorbei. Was soll ich denn noch beim Erstkommunionkurs?", mault Jonas. Marie kann es nicht fassen: „Hast du die Einladung zu den Ministranten nicht bekommen?", platzt es aus ihr heraus. „Heute in der Stunde geht's damit los!" „Ja, doch. Aber eigentlich weiß ich nicht so richtig, ob ich da mitmachen will. Meinst du wirklich, dass das Spaß macht?", fragt Jonas skeptisch.

Marie schaut ihren Freund mit blitzenden Augen an: „Klar macht das Spaß. Jedenfalls sagt das mein großer Bruder immer." „Echt, dein Bruder ist Ministrant?", überlegt Jonas. „Stimmt, den habe ich da schon gesehen", fällt ihm ein. Er kennt Maries Bruder besser vom Fußball. Wenn der auch bei den Ministranten mitmacht, kann die Sache doch nicht so schlecht sein.

„Also kommst du jetzt oder muss ich mir hier noch länger die Beine in den Bauch stehen?" Da holt Jonas sein Fahrrad und beide flitzen los.

FLAGGE ZEIGEN

Segen sein

Aufgabe: Hier kannst du deine Fuß-abdrücke einkleben oder einheften.

Die Beauftragung der Jünger

Am Abend dieses ersten Tages der Woche, als die Jünger aus Furcht vor den Juden bei verschlossenen Türen beisammen waren, kam Jesus, trat in ihre Mitte und sagte zu ihnen: Friede sei mit euch!

Nach diesen Worten zeigte er ihnen seine Hände und seine Seite. Da freuten sich die Jünger, als sie den Herrn sahen. Jesus sagte noch einmal zu ihnen: Friede sei mit euch! Wie mich der Vater gesandt hat, so sende ich euch.

Nachdem er das gesagt hatte, hauchte er sie an und sagte zu ihnen: Empfangt den Heiligen Geist!

Johannes 20,19–22

Aufgabe: Am Ende des Gottesdienstes erhalten wir den Segen und werden gesendet.

Dazu findest du im Gitterrätsel einen passenden Satz.

Finde und markiere folgende Worte:

auch, Jesus, sendet, Welt, in, Christus, hinaus, die, mich

S	T	D	W	Z	L	K	O	I	U	M	S	N	A	A	W
E	J	E	S	U	S	N	C	H	R	I	S	T	U	S	F
C	H	M	E	S	J	I	O	L	R	C	E	W	C	S	R
O	M	I	N	N	O	P	X	L	V	H	P	A	H	I	K
I	S	D	D	I	E	L	Y	Ö	J	Ü	S	U	T	O	G
G	R	U	E	P	S	R	O	A	E	U	S	T	H	H	S
W	E	L	T	J	X	E	U	M	B	H	I	N	A	U	S

Schreibe die Worte in der richtigen Reihenfolge auf:

J_ _ _ _ _   _ _ _ _ _ _ _ _ _   _ _ _ _ _ _   _ _ _ _   _ _ _ _

_ _   _ _ _   _ _ _ _   _ _ _ _ _s.

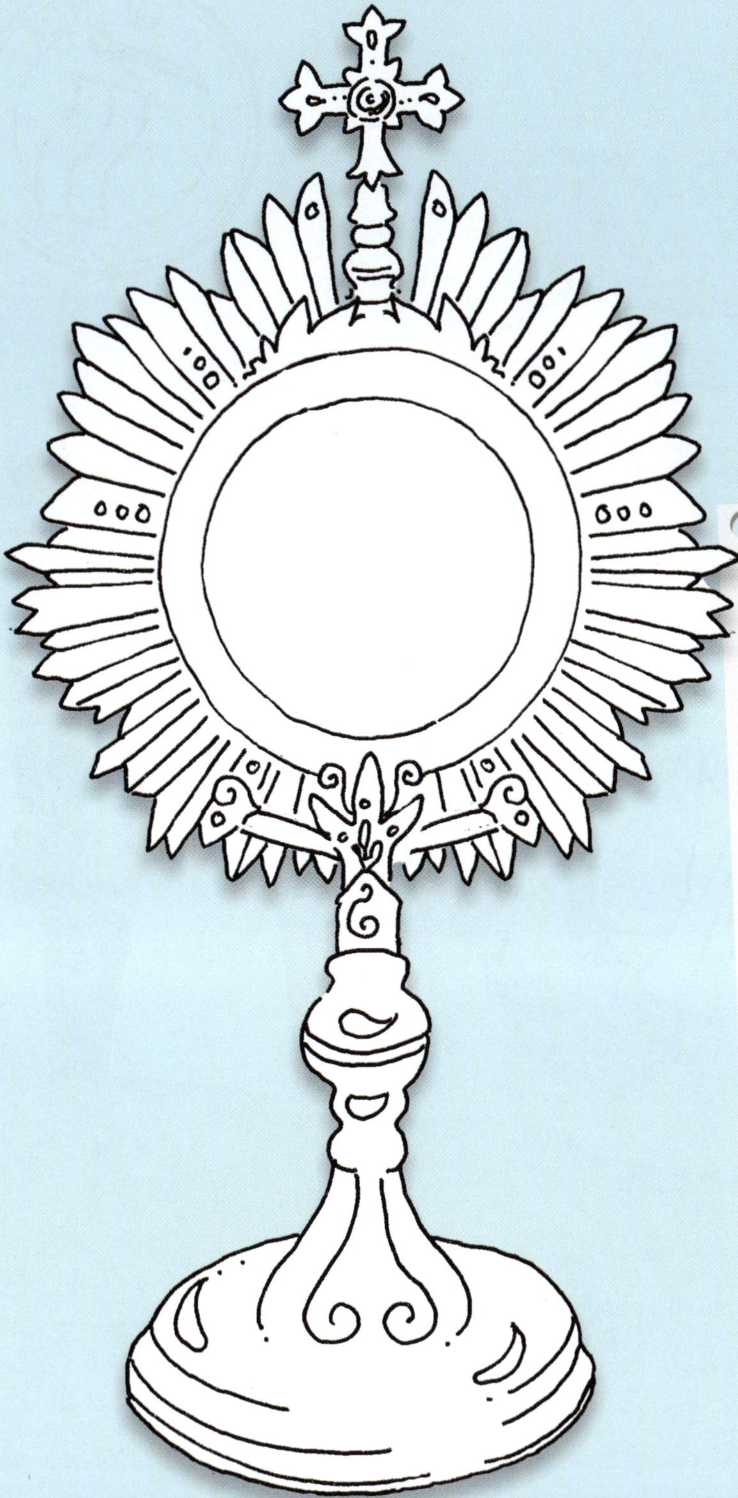

Wusstest du, dass

das Wort Monstranz aus der lateinischen Sprache kommt? *Monstrare* bedeutet *hinweisen* oder *zeigen*. Die Monstranz zeigt uns den Leib des Herrn in der Gestalt einer Hostie. Die Monstranz ist meist aus Gold und Silber und mit Edelsteinen verziert. Hinter einer Scheibe aus Bergkristall oder Glas seht ihr die Hostie, den Leib Christi: Von der großen Hostie geht ein goldener Strahlenkranz aus, so wie von unserer Sonne, dem Symbol für das Leben auf dieser Erde. Jesus, das Licht der Welt, schenkt uns ewiges Leben. Zur Fronleichnamsprozession wird die Monstranz mit ihrem kostbaren Inhalt durch die Straßen getragen.

Unsere Fronleichnamsprozession ist am _____.

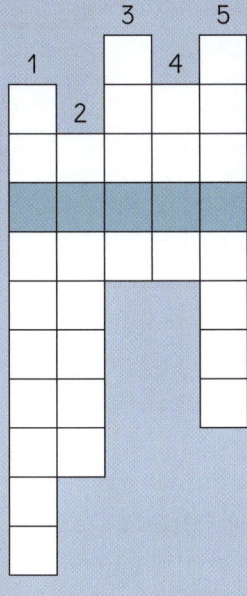

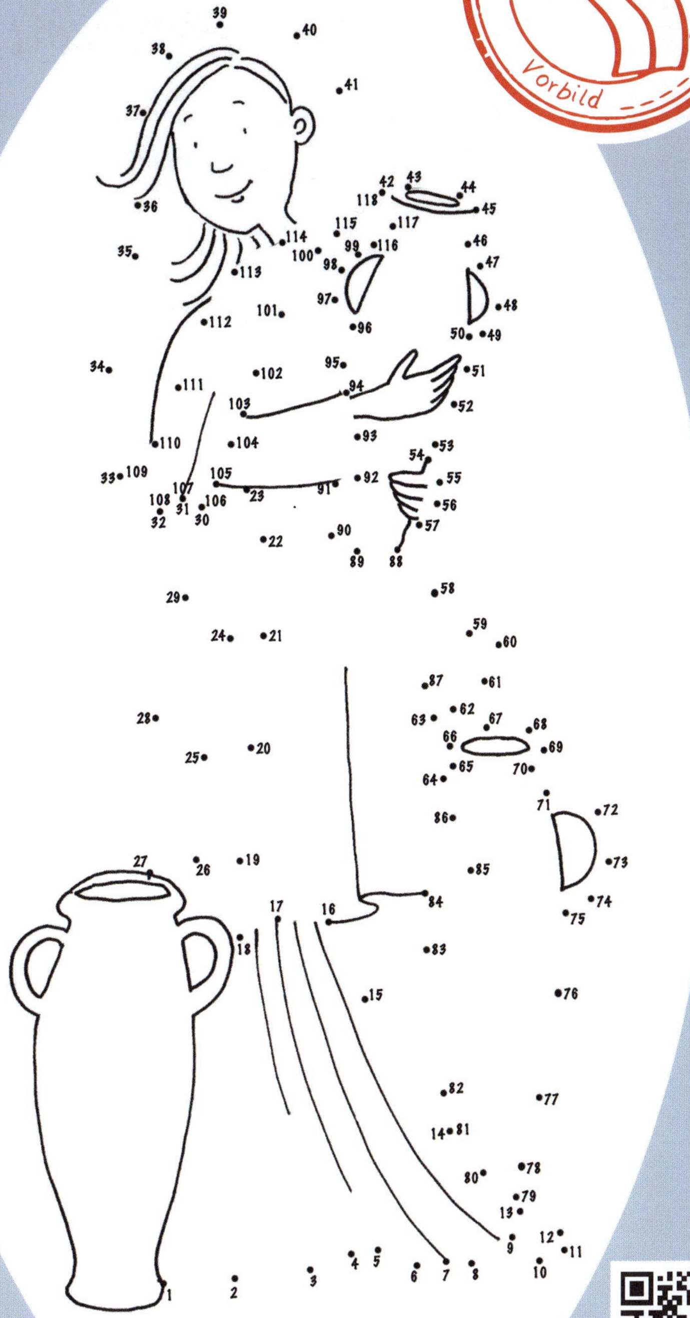

1. Welchen Beruf hatte der
   irdische Vater Jesu?
2. Wer hat die Nachricht gebracht,
   dass Gottes Sohn zur Welt
   kommen soll?
3. Welchen Wegweiser hatten
   die Weisen aus dem Morgenland?
4. In was verwandelte Jesus
   bei der Hochzeit zu Kana Wasser?
5. Welcher Jünger stand
   unter dem Kreuz Jesu?

Die Hochzeit zu Kana

Aufgabe: Lies den Text und setze die gekennzeichneten Worte zu einem sinnvollen Satz zusammen:

_____

In der Stadt Kana in Galiläa fand eine Hochzeit statt. Jesus, seine Mutter Maria und die Jünger waren auch zum Fest eingeladen. Hochzeiten wurden damals immer über viele Tage gefeiert, zusammen mit allen Leuten, die man kannte. Jeden Tag waren andere Menschen zu Besuch, deshalb musste immer gutes Essen und reichlich zu trinken da **sein**. Die Gäste feierten alle fröhlich und ausgelassen. Da bemerkte Maria plötzlich, dass die Weinkrüge leer waren. Das war schlimm, denn ohne Wein wäre das Fest zu Ende und die Leute würden noch jahrelang von dieser peinlichen Sache erzählen. Maria wollte das dem Brautpaar ersparen. Also ging sie zu Jesus und flüsterte ihm zu: „**Jesus**, sie haben keinen Wein mehr." Aber Jesus antwortete: „Was willst du von mir? Meine Zeit ist noch nicht gekommen."

Maria ließ jedoch nicht locker. Sie wusste, dass Jesus helfen konnte. Daher ging sie zu den Dienern und sagte zu ihnen: „Tut bitte alles, was Jesus euch sagen wird."

An der Wand standen sechs riesige Wasserkrüge. Zwei Männer brauchte man, um einen davon zu tragen. In jeden Krug passten ungefähr 100 Liter hinein. Ein heutiger Wassereimer **wirkt** winzig daneben.

Da kam Jesus und sagte zu den Dienern: „Füllt die Krüge mit Wasser." Als die Diener sie bis zum Rand gefüllt hatten, sagte er zu ihnen: „Nun schöpft etwas ab und bringt es dem Vorkoster zum Probieren." Als der Vorkoster probierte, weiteten sich seine Augen. Aus dem Wasser war köstlicher Wein geworden. Es schmeckte dem Vorkoster so sehr, dass er zum Bräutigam ging und sagte: „Jeder lässt als **Erstes** den guten Wein ausschenken. Du aber hast ihn bis jetzt zurückgehalten."

Die Diener und Maria jedoch wussten, dass ein **Wunder** geschehen war.

Nach Johannes 2,1–12

FLAGGE ZEIGEN

Ich bin mit dabei

Meine Erstkommunion

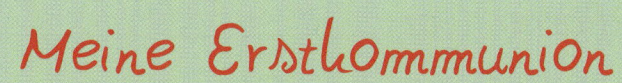

Hier ist Platz für ein Bild von deiner Erstkommunion.

Meine Erstkommunion habe ich am

_____ gefeiert.

Der Pfarrer war _____.

Das waren meine Gäste:

_____

_____

_____

Darüber habe ich mich an
diesem Tag besonders gefreut:

_____

_____

_____

_____

_____

Hier ist Platz für ein Bild von deiner Feier.

Segensgebet

Der Herr segne dich,
er gebe dir Mut, deinen eigenen Weg zu gehen.
Er behüte dich. Nie sollst du dich verlassen fühlen.
Er schenke dir offene Augen,
dass du seine Wunder jeden Tag erkennst,
offene Ohren, dass du sein Wort im Trubel
des Alltags hörst, und einen offenen Mund,
dass du von Gottes Liebe zu uns erzählst.

Der Herr lasse sein Angesicht
über dir leuchten
und sei dir gnädig.
Er schenke dir ein frohes Herz
und einen Stern in jeder dunklen Stunde.

Das gewähre dir der allmächtige Gott,
der Vater, der Sohn und der Heilige Geist.
Amen.

Meine Erstkommunionkerze

Auf meiner Erstkommunionkerze waren folgende
Symbole zu sehen:

_____

_____

_____

_____

Sie bedeuten

_____

_____

_____

_____

Hier kannst du malen, wie deine
Erstkommunionkerze aussah.

Heilige: Menschen, die bei Gott zu Hause sind

Zu jeder Zeit gibt es Menschen, die in besonderer Weise bei Gott zu Hause sind. Von einigen kannst du in diesem Kapitel lesen. Sie waren Freunde Jesu, haben auf die Stimme Gottes gehört und sich von der Frohen Botschaft anstecken lassen.

Das war für sie nicht immer einfach. Manche brauchten viele Jahre, um an Gott zu glauben und herauszufinden, was er von ihnen will. Einige haben ihr Leben den Armen und Kranken geschenkt, andere haben viel Zeit mit Beten und dem Studieren der Bibel verbracht. Manche mussten sogar für ihren Glauben sterben.

Sie waren ganz unterschiedlich. Aber sie alle verbindet, dass Gott in ihrem Herzen ein Zuhause finden konnte. Sie alle haben Zeugnis von der Liebe Gottes zu uns Menschen gegeben.

Wusstest du, dass

viele Heilige Erkennungszeichen haben? Barbara wird mit einem Turm dargestellt, Franziskus mit Tieren oder Katharina mit einem Rad. Diese Gegenstände oder „Attribute" erinnern an die Geschichten der Heiligen. Sie helfen außerdem zu erkennen, welcher Heilige dargestellt ist. Schließlich wissen wir bei vielen Heiligen gar nicht, wie sie aussahen. Oft gibt es viele verschiedene Darstellungen einer Person, weil über die Jahrhunderte verschiedene Künstler sie gemalt oder als Figur dargestellt haben. Von Menschen, die in den letzten Jahrzehnten gelebt haben und heiliggesprochen wurden, gibt es natürlich Fotos. Sie haben nur ganz selten Attribute.

In einem Sprichwort heißt es: „Heilige sind Menschen, durch die das Licht Gottes scheint." Auch heute gibt es Menschen, die durch ihren Glauben, ihre Hoffnung und ihre Liebe die Welt heller machen.

Jesus hat von sich gesagt: „Ich bin das Licht der Welt." Wir alle haben in der Taufe dieses Licht empfangen. Und jeder, der dieses Licht leuchten lässt, ist ein Heiliger – auch wenn er nicht vom Papst heiliggesprochen wird.

Bei der Taufe rufen wir die Heiligen an und bitten sie um ihre Hilfe. Sie sind für uns wie ältere Geschwister. Sie zeigen uns, wie wir als Christen leben können. Auch in schwierigen Momenten wissen wir, dass wir nicht allein sind. Wir vertrauen darauf, dass die Heiligen uns helfen, Gottes Liebe und Licht in die Welt zu tragen und die Frohe Botschaft zu verkünden.

Wusstest du, dass

Menschen, die für ihren Glauben gestorben sind, **„Märtyrer"** genannt werden? Das Wort kommt aus dem Griechischen und heißt so viel wie „Zeuge".

Wusstest du, dass

wir bei Heiligen nicht ihren Geburtstag, sondern meistens ihren Todestag als **Gedenktag** feiern? Es ist sozusagen ihr Geburtstag für den Himmel. Das ist ein Grund zu feiern!

Wusstest du, dass

du mit deinem Namen auch einen heiligen Helfer bekommen hast? Deinen **Namenspatron** kannst du immer um Fürsprache bei Gott bitten. Auch Kirchen werden oft nach Heiligen benannt und damit unter den Schutz eines Patrons gestellt. Es gibt Patrone für fast alle Berufe, Anliegen und Notsituationen. Zum Beispiel bitten wir den hl. Antonius, uns zu helfen, wenn wir etwas verloren haben.

Marie, Jonas und der Opa, durch den die Liebe Gottes scheint

Marie und Jonas sind sauer. Eigentlich hatte der Tag so schön mit Schwester Elisabeth, ihrer Religionslehrerin, angefangen. Und er versprach ja auch, am Nachmittag ganz großartig zu werden. Sie waren mit Jonas' Opa verabredet. Und nun so etwas! Hausaufgaben, und die zu morgen! Ausgerechnet in ihrem Lieblingsfach Religion.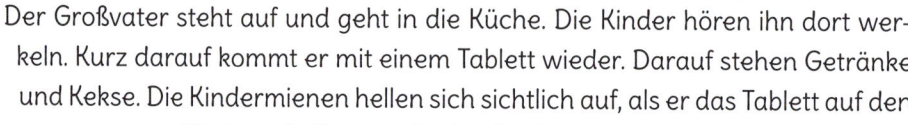

Jonas klingelt Sturm. Als der Großvater öffnet, poltern die zwei Kinder an ihm vorbei in den Flur. „O je, welche Laus ist euch denn über die Leber gelaufen?", fragt der Großvater. „Hausaufgaben!", jammert Jonas. „Kommt erst mal mit", lotst der Großvater die Kinder ins Wohnzimmer. Als alle auf dem Sofa sitzen, fragt er die Kinder: „Was genau müsst ihr machen?" „Ein Plakat zu einem Heiligen", sagt Jonas gedehnt. Und Marie ergänzt: „Jeder eins!" „Und was ist daran so schlimm? Ihr macht doch so was sonst sehr gern." „Wie soll man denn was über Heilige rausbekommen? Die haben fast alle gelebt, als es noch keine Computer, Handys und nicht mal richtige Bücher gab", schimpft Jonas.

Der Großvater steht auf und geht in die Küche. Die Kinder hören ihn dort werkeln. Kurz darauf kommt er mit einem Tablett wieder. Darauf stehen Getränke und Kekse. Die Kindermienen hellen sich sichtlich auf, als er das Tablett auf den Tisch stellt. Dann geht der Großvater zum Schrank und holt ein dickes, altes Buch heraus. „Da lässt sich doch was machen", sagt er, schlägt das Buch auf und liest vor.

Wie es mit Marie und Jonas weitergeht, lest ihr auf S. 114.

Tarcisius

- ✣ Gedenktag: 15. August
- ✣ Darstellung mit Palme, Steinen, Hostie
- ✣ Patron der Ministranten und Erstkommunionkinder

Über den heiligen Tarcisius wissen wir nicht viel. Alles, was bekannt ist, wurde in einem Gedicht von Papst Damasus überliefert. Tarcisius war etwa in deinem Alter. Er lebte zur Zeit der Christenverfolgung in Rom. Damals war es sehr gefährlich, an Gottesdiensten teilzunehmen. Nach einem heimlichen Gottesdienst sollte jemand die Kommunion zu den Alten und Gefangenen bringen, die nicht zur heiligen Messe kommen konnten. Obwohl Tarcisius noch ein Kind war, wollte er diese schwierige Aufgabe gern übernehmen. Die Eucharistie war für ihn sehr wichtig.

Er trug das heilige Brot und den Wein versteckt unter seinem Umhang. Doch unterwegs wurde er von einer Gruppe Jungen aufgehalten. Sie bedrängten ihn, er solle mit ihnen spielen. Als er sagte, dass er keine Zeit hätte, schlugen sie ihn und bewarfen ihn mit Steinen. Der Weinkrug ging kaputt, aber das Brot hielt Tarcisius mit beiden Händen fest.

Die Jungs ließen den Schwerverletzten einfach liegen und liefen weg. Tarcisius starb noch in derselben Nacht an den Verletzungen. In seinen Händen hielt er noch immer das Tuch mit der Hostie. Er hat den Leib Christi mit seinem Leben beschützt.

Wusstest du, dass

der Name „Tarcisius" aus dem Griechischen kommt und übersetzt „Der Mutige" heißt? Kein Name würde besser zu dem Jungen passen. Er ist ein tolles Vorbild für alle Erstkommunionkinder. Du kannst ihn um seine Fürsprache bitten.

Nepomuk

- ✠ Gedenktag: 20. März
- ✠ Darstellung auf Brücken, Finger auf Mund, Kruzifix, Sternenkranz
- ✠ Patron von Tschechien; der Beichtväter, Priester, Schiffer, Flößer; der Brücken; des Beichtgeheimnisses; gegen Wassergefahren; bei Zungenleiden; für Verschwiegenheit

Der Heilige Johannes Nepomuk wurde in Böhmen im heutigen Tschechien geboren. Er studierte Theologie und Rechtswissenschaften. Dann ließ er sich zum Priester weihen und wurde Pfarrer in Prag. Dort kümmerte er sich um die deutschsprachigen Kaufleute. Er studierte weiter Recht und bekam den Doktortitel. Klug und weltgewandt half er dem Erzbischof in Prag bei schwierigen Aufgaben. Beim Volk war er sehr beliebt.

Zu dieser Zeit regierte König Wenzel IV. in Prag. Er war ein jähzorniger Mann und stritt sich immer wieder mit der Kirche. Johannes Nepomuk hatte keine Angst vor ihm und sagte ihm offen und ehrlich seine Meinung. Das störte den tyrannischen König natürlich.

Einer Legende nach war Nepomuk auch der Beichtvater der Königin. Der König misstraute seiner Frau und glaubte, sie sei ihm nicht treu. Er forderte von Nepomuk, ihm die Beichtgeheimnisse seiner Frau zu erzählen. Doch Nepomuk hielt sich an die Schweigepflicht und verriet nichts. Das ärgerte den König sehr. Er ließ Nepomuk festnehmen und foltern. Trotz der Schmerzen blieb er standhaft. Der König konnte ihm kein Wort entlocken. Deswegen ließ König Wenzel Nepomuk fesseln und von der Brücke in die Moldau werfen. Nepomuk ertrank in dem Fluss. Seinen Leichnam fand man auf wundersame Weise am nächsten Tag, sodass er im Veitsdom begraben werden konnte.

Es wird erzählt, dass sich an der Fundstelle ein Lichterkranz im Wasser gespiegelt hat. Deshalb wird der hl. Nepomuk auch mit einem Kranz aus Sternen dargestellt.

Wusstest du, dass

jeder Priester das, was ihm in der Beichte gesagt wird, für sich behalten muss? Von dieser Schweigepflicht gibt es keine Ausnahmen. Alles, was in der Beichte besprochen wird, ist streng vertraulich. Wenn bei einer Beichte ein Dolmetscher dabei ist, muss auch er darüber schweigen. Für die Kirche ist das Brechen des Beichtgeheimnisses eine schwere Straftat. Einige Beichtväter, wie der heilige Nepomuk, sind sogar gestorben, um das Beichtgeheimnis zu schützen.

Mutter Teresa

† Gedenktag: 5. September
† Darstellung mit blau-weißem Ordensgewand

Bei ihrer Geburt im Jahr 1910 bekam die spätere Mutter Teresa den Namen Agnes. Agnes war ein pfiffiges Kind und sie wusste genau, was sie später machen wollte. Ihr größter Wunsch war, Missionarin zu werden. So verließ sie mit 18 Jahren ihr Zuhause und ging ins Kloster. Bei den Loreto-Schwestern bekam sie den Namen Mutter Teresa. Jede Schwester wurde mit Mutter angeredet. Schon bald wurde sie von Europa nach Indien geschickt. Sie unterrichtete dort als Lehrerin Mädchen, die eher zu den reichen Familien gehörten. Dies machte ihr viel Freude.

Die große Stadt, in der sie lebte, hieß Kalkutta. Dort gab und gibt es viele sehr arme Menschen, die sich oft nicht einmal Essen und Medikamente leisten können. Sie sah Kinder, Kranke und Sterbende, die ohne ein Zuhause und ganz allein waren. Für diese Menschen wollte sie da sein und ihnen helfen. Deshalb lernte sie den Beruf der Krankenschwester und ging jeden Tag zu den Armen und Leidenden. In jedem Gesicht sah sie Jesus. Sie verließ den Orden, um mit diesen Menschen gemeinsam zu leben – ein neues Zuhause bei Gott. Elf weitere Frauen schlossen sich ihr an. Sie gründeten eine Gemeinschaft: die Missionarinnen der Nächstenliebe. Sie pflegten die Kranken, verteilten Essen und kümmerten sich um die Menschen, die auf der Straße lebten. Darunter waren auch viele Kinder, sogar Babys. Zusammen gründeten die Ordensschwestern ein Krankenhaus, eine Einrichtung für Leprakranke, ein Kinderhaus, eine Schule und eine Entbindungsklinik. Für die viele Arbeit war das gemeinsame Gebet eine wichtige Kraftquelle.

Mutter Teresa wurde auf der ganzen Welt als „Engel der Armen" bekannt. Viele Männer und Frauen schlossen sich ihrer Gemeinschaft an. Heute gibt es etwa 5000 Schwestern und Brüder in über 125 Ländern. Dank vieler Spenden können sie ihre Arbeit auf der ganzen Welt weiterführen.

Wusstest du, dass

Mutter Teresa 1979 den Friedensnobelpreis bekommen hat? Sie hat noch viele andere Auszeichnungen für ihre Arbeit bekommen. Die größte Auszeichnung für sie war jedoch die Dankbarkeit der Menschen. Als sie 1997 in Kalkutta in Indien starb, nahmen Menschen weltweit Anteil daran. Sie hatte so viel Gutes getan, dass sie in kürzester Zeit selig- und 2016 heiliggesprochen wurde.

Johannes Bosco

✤ Gedenktag: 31. Januar
✤ Darstellung mit Kindern und Jugendlichen, im Priestergewand
✤ Patron der Jugend und der Jugend-seelsorger

Johannes lebte Anfang des 19. Jahrhunderts mit seiner Mutter und seinen zwei Brüdern in Italien. Als sein Vater starb, war er erst zwei Jahre alt. Da seine Familie sehr arm war, konnte er erst mit neun Jahren im Nachbardorf lesen und schreiben lernen. Mit 15 durfte er endlich in eine richtige Schule gehen. Johannes war immer fröhlich. Trotz aller Schwierigkeiten konnte er seinen Wunsch, Priester zu werden, erreichen. Während des Studiums arbeitete er in allerlei Handwerksberufen.

In seiner Jugend hatte er einen Traum. Er sah sich prügelnde Jungs und hörte eine Stimme: „Nicht mit Schlägen, sondern mit Milde, Güte und Liebe musst du sie dir zu Freunden machen."

Als Kaplan lebte Don Bosco in Turin. Dort sah er die vielen Arbeitslosen und oft straffälligen jungen Männer. Er begann, die Jugendlichen um sich zu sammeln. Erst verbrachten sie Freizeit miteinander, dann brachte er ihnen lesen und schreiben bei. Er beschenkte sie mit der Güte und Liebe, von der er geträumt hatte. Die Jugendlichen vertrauten ihm. So erfuhren sie nach und nach von Jesus und der Liebe Gottes zu den Menschen. Durch die Bildung und den stärker werdenden Glauben bekamen die Jungen eine Perspektive für ihr Leben. Immer mehr Jugendliche kamen zu Don Bosco. Deshalb brauchte er viele Helfer. Er baute eine Schule und später Werkstätten zur Ausbildung. Angesteckt durch seine

Liebe und Fröhlichkeit wollten sich viele junge Männer seiner Gemeinschaft anschließen. Mit dem engen Kern seiner Helfer gründete Don Bosco die Ordensgemeinschaft der Salesianer. Mit der Hilfe von Maria Dominica Mazzarello wurde auch ein Frauenorden gegründet. Als Johannes Don Bosco 1888 im Alter von 72 Jahren starb, gab es bereits 250 Häuser, in denen 130.000 Jugendliche eine Heimat fanden und aus denen 6000 Priester hervorgingen.

Don Bosco hat sein Leben den Jugendlichen und Gott gewidmet. Er war Erzieher und Missionar mit Leib und Seele.

Heute leben und wirken fast 17.000 Salesianer Don Boscos in etwa 130 Ländern. Sie arbeiten als Priester, Diakone und Brüder in der Jugendseelsorge, Erziehung und Ausbildung junger Menschen. Die etwa 15.000 Don Bosco Schwestern bilden den derzeit größten Frauenorden weltweit.

Wusstest du, dass

das Lebensmotto von Johannes war: „Fröhlich sein, Gutes tun und die Spatzen pfeifen lassen"? So hat der „Heilige der Freude" viel Gutes für Kinder und Jugendliche erreicht. Er zeigte ihnen die Freude am Glauben und am Leben mit Musik, Theater, Sport, Spiel, Feiern und viel Humor. Immer, wenn ihm andere Steine in den Weg legten oder es Schwierigkeiten gab, blieb Johannes gelassen. Er ließ die Spatzen einfach pfeifen, weil er aus der Frohen Botschaft wusste: Für Gott sind wir mehr wert als viele Spatzen (Matthäus 10,31).

Luzia

- ✤ Gedenktag: 13. Dezember
- ✤ Darstellung mit Halswunde, Schwert, Lampe oder Fackel
- ✤ Patronin der Bauern, Glaser, Schneider, Elektriker, Notare, Anwälte und auch der kranken Kinder, Armen und Blinden

Luzia lebte mit ihrer Mutter auf der Insel Sizilien in Italien. Ihr Vater starb, als sie fünf Jahre alt war. Obwohl es damals verboten war, sich taufen zu lassen, wurde Luzia schon als Kind Christin.

Als ihre Mutter schwer erkrankte, machte Luzia mit ihr eine Wallfahrt zum Grab der hl. Agatha. Sie betete viel und ihre Mutter wurde gesund. Nach diesem Erlebnis wurde auch die Mutter eine überzeugte Christin.

Luzia war schon als junges Mädchen verlobt worden. Doch sie wollte eine Braut Christi werden und ganz für die Armen da sein. Sie bat ihre Mutter, nicht mehr heiraten zu müssen. Ihre Mutter war einverstanden und half ihr, das Geld der Familie an Notleidende zu verschenken. Sie gründeten eine Armen- und Krankenstation.

Luzia half auch anderen Christen, die verfolgt wurden und sich verstecken mussten. Nachts brachte sie ihnen heimlich Lebensmittel. Damit sie die Hände frei hatte, steckte sie sich einen Lichterkranz auf den Kopf. So konnte sie den Weg sehen.

Als Luzias Bräutigam hörte, dass Luzia ihn nicht mehr heiraten wollte, wurde er sehr wütend. Noch wütender machte es ihn, dass sie all ihr Geld verschenkte. Dieses Geld hätte sie sonst in die Ehe mitgebracht. Er klagte sie deshalb an.

Luzia wurde festgenommen und gefesselt. Aber weder ein Ochsenkarren noch zahllose Männer schafften es, sie von der Stelle zu bewegen. Dann sollte Luzia verbrannt werden, doch das Feuer konnte ihr nichts anhaben. Deshalb wurde sie schließlich mit einem Dolch getötet. Bis zur letzten Minute betete sie laut.

Wusstest du, dass

der Luziatag bis zum Mittelalter der kürzeste und damit dunkelste Tag des Jahres war? Das änderte sich erst, als Papst Gregor einen neuen Kalender einführte. Es gibt viele Legenden und auch verschiedene Bräuche zum Fest der hl. Luzia, die mit Kerzen und Licht zu tun haben. Früher gab es am 13. Dezember auch die Geschenke. Erst seit dem 16. Jahrhundert ist es Brauch, sich zu Weihnachten am 24. Dezember zu beschenken.

Bonifatius

✤ Gedenktag: 5. Juni
✤ Darstellung mit Fuchs, Rabe, Peitsche, Schwert, Axt und Eiche
✤ Patron von England, der Bistümer Fulda und Erfurt; der Bierbrauer, Schneider

 twa im Jahr 672 wurde in England der Junge Winfried geboren. Seine Eltern gaben ihn mit sieben Jahren zur Erziehung in ein Kloster. Er war ein sehr wissbegieriger und fleißig lernender Junge. Um noch mehr zu lernen, wechselte er in ein anderes Kloster. Er studierte ausführlich die Bibel und schrieb Gedichte. Dank seiner besonderen Begabungen und seines großes Wissens wurde er schließlich Leiter der Klosterschule.

Mit 40 Jahren verließ Winfried das Kloster, um Missionar zu werden. Er ging nach Friesland und wollte den Menschen dort von Gott erzählen. Das gelang ihm jedoch nicht so gut und er kehrte nach Hause zurück. Er erkannte, dass es ihm ohne Unterstützung nicht gelingen würde, die Menschen zu Gott zu bekehren. So reiste er 719 nach Rom und bekam vom Papst den offiziellen Auftrag für die Mission. Als Missionar erhielt er auch einen neuen Namen. Von nun an hieß Winfried Bonifatius.

Bonifatius reiste nach Hessen und Thüringen und verkündete die Frohe Botschaft. Überall predigte er und erklärte in einfachen Worten die Heilige Schrift. Damals gab es die Bibel nur in lateinischer Sprache. Die wenigsten Menschen konnten lesen oder verstanden Latein. Deshalb war es gut und wichtig, dass Bonifatius den Menschen von Gott erzählte. Er gründete Klöster und Kirchen. Der Papst weihte ihn zum Missionsbischof und ernannte ihn später sogar zum Erzbischof. So konnte Bonifatius Bistümer ordnen und sogar neu gründen, zum Beispiel die Bistümer Erfurt und Würzburg.

Im hohen Alter von 80 Jahren reiste er noch einmal nach Friesland. Dort wurden er und seine Gefährten während eines Gottesdienstes erschlagen. Er war ein großer Missionar, der als Märtyrer starb.

Wusstest du, dass

die Menschen in Deutschland damals Heiden waren und viele Götter verehrten? Einer davon war Donar, der Donnergott. Sie brachten ihm Opfergaben zu einer großen Eiche.

Das brachte Bonifatius auf eine Idee. Er fällte diese dicke Eiche. Die Heiden dachten, dass der zornige Donar nun Donner oder Blitze schicken würde. Als nichts passierte, überzeugte sie das: Der christliche Gott war größer als ihre Götter. Sie ließen sich taufen.

Alojs Andritzki

✝ Gedenktag: 3. Februar

Alojs wurde 1914 in der Nähe von Bautzen geboren. Seine Familie gehörte zu den Sorben, einer Volksgruppe mit eigener Sprache und Tradition. Die meisten Sorben sind katholisch und auch Alojs' Familie war sehr gläubig. Als Jugendlicher leitete Alojs eine Jungengruppe in der Gemeinde, die er mit Sport begeisterte.

Nach dem Abitur studierte er Theologie und ließ sich 1939 zum Priester weihen. Seine drei Brüder wurden ebenfalls Priester, einer trat in den Jesuitenorden ein.

Zu dieser Zeit ergriffen die Nationalsozialisten die Macht. Die Menschen, die sich gegen ihre Auffassungen wehrten, wurden verhaftet und bestraft. Das begann in Deutschland und breitete sich bald darauf in ganz Europa aus. Der Zweite Weltkrieg war die Folge dieses Denkens. Viele Menschen wurden wegen ihrer Überzeugung, ihrer Religion oder ihrer Herkunft in Konzentrationslager gebracht und ermordet. Einige Völker, wie zum Beispiel die Juden, Sinti und Roma hielten die Nazis für minderwertige Menschen, die man vernichten muss.

Alojs stand als Christ und Priester dafür ein, dass jeder Mensch von Gott geliebt wird und dass alle Menschen gleich viel wert sind. Vielen Menschen, besonders den ihm anvertrauten Jugendlichen machte er Mut, sich gegen die Nazis zu stellen.

Er wurde deshalb verhört, ließ sich aber nicht einschüchtern. Im Januar 1941 musste er ins Gefängnis. Weil er sich weigerte, mit den Nationalsozialisten zusammenzuarbeiten, wurde er anschließend in ein Konzentrationslager gebracht. Auf dem Weg dorthin lernte er den Benediktinerpater Maurus Münch aus Trier kennen. Sie wussten, dass ihnen eine schlimme

Zeit bevorstand und gelobten, niemals zu klagen und keinen Augenblick ihre priesterliche Berufung zu vergessen. Während ihrer Haftzeit lasen sie gemeinsam mit anderen Priestern regelmäßig in der Bibel. Sie gründeten einen Kreis, um gemeinsam zu beten und ihren Glauben zu vertiefen.

Bald wurde Alojs schwer krank. Es durfte kein Priester zu ihm kommen, um ihm die Krankensalbung zu spenden. Am 3. Februar 1943 wurde Alojs mit einer Giftspritze getötet.

Alojs Andritzki war in dieser Zeit nicht der Einzige, der mutig und aufrichtig für seinen Glauben eintrat. Viele Geistliche wie Maurus Münch, Josef Kentenich oder Hermann Scheipers saßen zusammen mit Alojs im „Pfarrerblock" des Konzentrationslagers. Sie alle konnten später von seinem besonderem Leben und Sterben erzählen.

Wusstest du, dass

Alojs Andritzki im Jahr 2011 seliggesprochen wurde? Er ist damit der erste Sorbe, der als Seliger verehrt wird. Selige sind wie Heilige Vorbilder für ein christliches Leben. Selige werden aber nur in einer bestimmten Region verehrt, Heilige weltweit.

Bis zur Seligsprechung ist es ein weiter Weg, bei Alojs hat die sorgfältige Prüfung seines Lebens und Sterbens 13 Jahre gedauert. In dieser Zeit wurden Zeugen gesucht und angehört, die über Alojs berichten konnten.

Sabina von Rom

- ✛ Gedenktag: 29. August
- ✛ Darstellung mit Palme, Buch und Krone
- ✛ Patronin von Rom, der Kinder, der Hausfrauen, gegen Regen

Sabina war eine sehr reiche Witwe und lebte vor rund 1900 Jahren in Rom. Es gefiel ihr, sich schön zu machen, und sie genoss es, im Luxus zu leben. Die vielen Kranken und Armen in der Stadt interessierten sie nicht. Ihre eigenen Diener und Sklaven behandelte sie schlecht. Sie dachte, dass sie keine richtigen Menschen seien. Eine ihrer Sklavinnen war jedoch anders als alle anderen Sklavinnen, die sie kannte: Seraphia. Seraphia war immer gehorsam und geduldig, auch wenn ihre Herrin vieles verlangte und nicht gut zu ihr war. Von ihr ging eine große Liebe aus. Darüber wunderte sich Sabina und fragte sie eines Tages nach dem Grund. Seraphia erzählte von ihrem Glauben. Sabina war beeindruckt und wollte mehr von diesem liebevollen Gott hören. Ihre Sklavin erzählte ihr alles, was sie wusste. Nachts gingen sie gemeinsam los, um sich mit anderen Christen zu treffen.

Die Frohe Botschaft veränderte Sabina völlig. Sie spürte die Liebe Gottes und wollte sie weiterschenken. Darum schenkte sie all ihren Sklaven die Freiheit und teilte ihren Reichtum mit den Armen. Seraphia war nicht länger ihre Sklavin, sondern wie eine Schwester für sie. Sabina nahm Unterricht, um mehr von Jesus zu hören. In den Katakomben von Rom empfing sie das Sakrament der Taufe und die Erstkommunion.

Zu dieser Zeit begann erneut die Verfolgung der Christen. Bald nach Sabinas Taufe wurde Seraphia festgenommen und verurteilt. Sabina ging zum Statthalter, weil sie gemeinsam mit Seraphia für Christus sterben wollte. Sie wurde verspottet und nach Hause geschickt, Seraphia aber wurde ermordet. Das machte Sabina sehr traurig. Ein Jahr später, im Jahr 120 wurde auch Sabina verhaftet und verlor für ihren Glauben das Leben.

Wusstest du, dass

auf dem Grundstück von Sabinas Familie heute eine große Basilika steht? Sie ist eine der ältesten und bedeutendsten Kirchen von Rom. Andere große Heilige wie Dominikus oder Thomas von Aquin haben dort gebetet und gepredigt. Vielleicht kannst du sie einmal im Urlaub besuchen.

Edith Stein

✤ Gedenktag: 9. August
✤ Darstellung im Ordensgewand der Karmelitinnen
✤ Patronin und Schutzheilige von Europa

dith Stein wurde 1891 in Breslau geboren und hatte zehn ältere Geschwister. Sie war sehr schlau und fleißig beim Lernen. Nur mit dem Rechnen hatte sie Probleme. Weil sie so klug war, durfte sie nach dem Abitur studieren. Das war in ihrer Zeit für Frauen etwas ganz Besonderes und Seltenes. Sie erhielt sogar einen Doktortitel.

Ihre Eltern waren Juden und sehr gottesfürchtig. Trotzdem verlor Edith mit 15 Jahren ihren Glauben. Aber sie blieb immer auf der Suche nach der Wahrheit. So kam es, dass sie eines Tages von der heiligen Teresa von Ávila las. Die Lebensgeschichte der Heiligen beeindruckte sie so stark, dass sie zum christlichen Glauben fand. Von Gott wusste sie ja schon viel. Nun lernte sie Jesus kennen. Seine Liebe zu uns Menschen, sein Sterben am Kreuz und seine Auferstehung. Mit 31 Jahren ließ sie sich taufen. Sie arbeitete als Lehrerin für Schülerinnen und Studenten. Aber ihr Ziel war es, in ein Kloster zu gehen. Auf diese Weise wollte sie Jesus ganz nahe sein. Als sie in Köln in den Karmel-Orden eintrat, war sie bereits 42 Jahre alt. Ihr neuer Name war nun Teresia Benedicta vom Kreuz. Sie betete viel, las, studierte und schrieb selber viele Texte, Aufsätze und Bücher. So verband sie Religion und Wissenschaft in ihrem Leben miteinander.

Zu dieser Zeit kamen die Nazis an die Macht. Sie verfolgten alle Menschen jüdischer Herkunft in Deutschland. Die Oberin verriet Edith an die Nazis. Um ihre Mitschwestern nicht in Gefahr zu bringen, floh Edith nach Holland in eine andere Niederlassung. Ihre ältere Schwester Rosa folgte ihr dorthin und trat auch in den Orden ein. Es wurde jedoch auch in Holland immer gefährlicher für Menschen jüdischer Abstammung. Edith hätte fliehen können, aber ihre Schwester Rosa nicht. Deshalb blieb sie dort. Während des zweiten Weltkriegs wurde sie verhaftet. Sie starb zusammen mit ihrer Schwester am 9. August 1942 in der Gaskammer des Konzentrationslagers Auschwitz.

Wusstest du, dass

heute viele neue Schulen und Kindertagesstätten nach Edith Stein benannt werden? Edith war es sehr wichtig, zur Schule zu gehen, zu lernen und danach zu studieren. Bildung war damals hauptsächlich den Jungen und Männern vorbehalten. Es gelang nur wenigen Frauen zum Studium zugelassen zu werden. Wollten Frauen mit einem Schul- oder Studienabschluss arbeiten, brauchten sie die Erlaubnis ihres Mannes. Edith setzte sich sehr für die Rechte und Gleichstellung von Frauen ein.

Franziskus

- ✠ Gedenktag: 4. Oktober
- ✠ Darstellung mit Kruzifix, Welt-kugel, Tieren wie Wolf, Lamm, Fischen und v. a. Vögeln
- ✠ Patron von Italien und Assisi; der Armen, Lahmen, Blinden, Strafgefangenen, Schiff-brüchigen, Umweltschützer; der Wölflinge (der kleinen Pfadfinder); gegen Kopfweh und viele mehr

Franziskus wurde als Kind reicher Tuchhändler in Assisi geboren. Er genoss das Leben im Luxus und feierte viel. Als junger Mann wollte er Ritter werden und zog in die Schlacht. Doch er wurde gefangen genommen und im Gefängnis krank. Das veränderte ihn. In ihm wuchs die Liebe zu Gott und zu seinen Mitmenschen. Eines Nachts hörte er im Traum Gottes Stimme sagen: „Bau meine Kirche wieder auf!" Das nahm Franz wörtlich. Zurück in seiner Heimat verkaufte er sein Pferd und Stoffballen seines Vaters. Mit dem Geld wollte er die verfallende Kirche in San Da-miano wiederherrichten. Da wurde sein Vater wütend und brachte ihn zum Bischof. Franziskus war fest entschlossen, in Armut für Gott zu leben. Als Zeichen dafür zog er sich nackt aus und gab alles, was er hatte, seinem Vater zurück. Voll Vertrauen auf Gott, seinen Vater im Himmel, begann er, nur mit ein paar Lumpen bekleidet, ein Leben in völliger Armut. Franziskus war fröhlich und befreit. Er bettelte, um etwas zu essen zu

bekommen, und baute Stück für Stück die Kirche auf. Erst die Kirche in San Damiano. Dann verstand er Gott besser und ihm wurde klar, dass es um die Kirche als Gemeinschaft der Christen ging. Diese Kirche sollte er aufbauen.

Er war viel unterwegs, predigte und legte den Menschen die Bibel aus. Sie verstanden ihn gut und hörten ihm gerne zu. Mit klaren einfachen Worten erzählte er von Jesus, der Freude und dem Frieden. Manchmal redete er auch zu den Tieren. Er lebte viel im Wald und war begeistert von der Schöpfung. Er sah darin die Größe Gottes.

So begeisterte er Frauen und Männer, die ihm in die Armut folgten. Er stellte Regeln für das gemeinsame Leben auf und gründete so eine Gemeinschaft. Doch durch das schwere Leben mit all den Entbehrungen wurde Franziskus sehr krank. Er starb am 3. Oktober 1226 in völliger Armut, nackt auf dem Boden einer Kirche. Es sollte sein Zeichen der Hingabe sein.

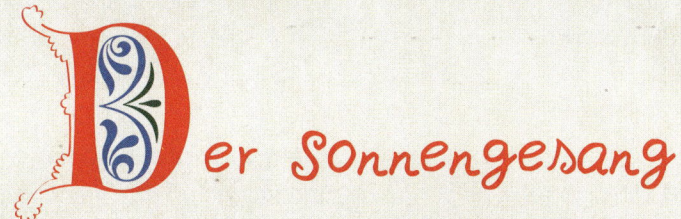

Der Sonnengesang

Höchster, allmächtiger, guter Gott,
dir sind die Lieder des Lobes, Ruhm und Ehre und jeglicher Dank geweiht;
dir nur gebühren sie, Höchster,
und kein Mensch ist würdig, dich zu nennen.

Gelobt seist du, Herr,
durch alle deine Werke,
doch besonders durch Schwester Sonne.
Auf uns herab lässt du sie täglich scheinen.
Wie schön ist sie; sie strahlt mit großem Glanz
dir gleich, o Höchster.

Gelobt seist du, Herr,
durch Bruder Mond und die Sterne.
Durch dich funkeln sie am Himmel,
hell leuchtend und schön.

Gelobt seist du, Herr,
durch Bruder Wind und die Luft,
durch bewölkten und heiteren Himmel
und jedes Wetter.
So erhältst du deine Geschöpfe am Leben.

Gelobt seist du, Herr,
durch Schwester Wasser,
so nützlich und köstlich und rein.

Gelobt seist du, Herr,
durch Bruder Feuer,
er leuchtet uns in der Dunkelheit.
Schön und freundlich ist er
am wohligen Herd,
mächtig als lodernder Brand.

Gelobt seist du, Herr,
durch unsere Schwester, Mutter Erde,
die uns ernährt und trägt.
Sie schenkt uns Früchte,
Kräuter und bunte Blumen.

Gelobt seist du, Herr,
durch all diejenigen,
die dir zuliebe verzeihen,
die Schwachheit ertragen und Not.
Selig sind die, die solches geduldig ertragen.
Du, Höchster, wirst sie belohnen.

Gelobt seist du, Herr,
durch unseren Bruder Tod.
Ihm kann kein Mensch entkommen.
Wehe denen, die in schwerer Sünde
sterben,
doch selig, die nach deinen Geboten
gelebt haben:
Leicht ist ihr Tod und ohne jeden Schmerz.

Lobt und preist den Herrn
und dankt ihm und dient ihm
mit großer Demut.

Franziskus

Wusstest du, dass

Franziskus nicht gut lesen und schreiben konnte? Trotzdem hat er wundervoll gepredigt und sogar gedichtet. Am bekanntesten ist sein Sonnengesang. Wohl über keinen anderen Heiligen wurden so viele Bücher und Legenden geschrieben, wie über ihn. „Pace et bene – Friede und Heil" lautet der Wunsch, der von Assisi aus um die ganze Welt geht.

Maria Goretti

✤ Gedenktag: 6. Juli
✤ Darstellung mit Lilie, Märtyrerpalme, Messer

Marietta lebte mit ihren Eltern und fünf Geschwistern in Italien. Ihre Familie war sehr arm und hatte gemeinsam mit einer anderen Familie einen Bauernhof gepachtet.

Als Marietta neun Jahre alt war, starb ihr Vater. Das Mädchen übernahm nun ganz selbstverständlich einen großen Teil der Aufgaben im Haushalt. Sie kümmerte sich auch um ihre jüngeren Geschwister, während ihre Mutter auf dem Feld arbeitete. In der Gegend gab es keine Schule, in die Marietta hätte gehen können. Selbst bis zur nächsten Kirche musste die Familie fast sechs Kilometer laufen. Trotz des harten Lebens war Marietta ein ganz freundliches Kind und immer voller Hoffnung. Sie wusste, dass die Muttergottes gut für sie sorgen würde.

Mariettas größter Wunsch war es, zur Erstkommunion gehen zu können. So lief sie elf Monate nach der Arbeit noch einen weiten Weg, um sich im Unterricht auf die Erstkommunion vorzubereiten. Die Mutter hatte kein Geld für ein Kleid. Doch sie bekam das Kleid, Kerze, Schuhe und Kränzchen für Marietta geschenkt. So konnte das Mädchen am 16. Juni 1901 ihre Erstkommunion feiern.

Marietta spürte eine große Liebe zu Jesus. Sie entschied sich deshalb, ganz Gott zu gehören. Doch das konnte der Sohn der anderen Familie nicht akzeptieren. Wenige Wochen nach ihrer Erstkommunion bedrängte er sie mehrmals. Marietta blieb standhaft. Eines Tages wurde er darüber so wütend, dass er Marietta mit einem Messer schwer verletzte. 14 Mal stach er auf sie ein. Sie wurde ins Krankenhaus gebracht und operiert. Doch die Ärzte konnten ihr nicht helfen. Sie beichtete und bekam die Krankenkommunion. Am nächsten Tag starb sie.

Kurz vor ihrem Tod sagte Marietta noch dem Pfarrer und auch ihrer Mutter, dass sie nicht böse auf den Jungen sei. Ihre Liebe zu Jesus war so groß, dass sie ihrem Mörder vergeben konnte.

Wusstest du, dass

Maria Goretti mit elf Jahren die jüngste Heilige ist, die es gibt? Sie ist am 16. Oktober 1890 geboren und nicht mal zwölf Jahre alt geworden. Sie wurde Marietta gerufen, das bedeutet „kleine Maria". Ihre Heiligsprechung im Jahr 1950 war die erste, die auf dem Petersplatz stattfand. Ihre Mutter konnte dabei sein.

Hier geht es weiter mit der Geschichte von S. 98:

Marie hört es als Erste und lacht. „Ihr habt Hunger", sagt sie, „eure Mägen knurren." „Dagegen muss man was unternehmen", antwortet der Großvater. „Lasst uns was essen gehen. Aber jeder von euch nimmt einen Zeichenblock und Stifte mit."
Als die Kinder längst fertig sind, lässt der Großvater noch auf sich warten. „Was ist los?", fragt Jonas ungeduldig. „Ich kann meinen Autoschlüssel nicht finden." „Und was machen wir jetzt?", fragt Marie. Der Großvater kratzt sich am Kopf und sagt: „Ich habe eine Idee. Und die passt sogar zu eurer Hausaufgabe." Er schiebt die Kinder aus der Tür und sagt: „Ihr werdet schon sehen."
Gemeinsam gehen sie die Straße entlang. Vor der großen Kirche hält der Großvater an: „Hier müssen wir rein." Jonas mault: „Wir wollten doch essen gehen." „Nur kurz", sagt der Großvater und öffnet die große, schwere Tür. Der Großvater nimmt Weihwasser und bekreuzigt sich. Die Kinder tun es ihm nach. Dann zeigt er in Richtung einer Seitenkapelle und spricht leise: „Dort müssen wir hin."
In der Seitenkapelle bleiben sie vor einem Meer brennender Kerzen stehen. Auch der Großvater zündet eine Kerze an. Er faltet die Hände und schließt die Augen. Plötzlich scheint ein Sonnenstrahl durch die Fenster und Jonas entfährt ein Raunen. Wie schön sein Opa in diesem Licht aussieht. Marie merkt das gar nicht. Sie sieht, wie das Licht durch das bunte Fenster fällt. Es zeigt eine junge Frau mit langem Kleid, die einen Korb mit Brot trägt. Überall blühen unzählige Rosen. Marie ist wie verzaubert.
„Mir scheint, wir haben hier alle etwas gefunden", sagt der Großvater mit einem Blick auf die Kinder. Auf dem Weg nach draußen hören die Kinder noch, wie der Großvater „Danke" sagt und dabei zu der Heiligenstatue hinter den Kerzen schaut.

Als sie im Restaurant an einem kleinen Tisch sitzen, fragt Jonas: „Opa, was hast du da vorhin gemacht?" „Ich habe den heiligen Antonius gebeten, mir zu verraten, wo mein Schlüssel ist." „Und der hat es dir gesagt?", feixt Jonas. „Ja, hat er." „Echt? Das glaub ich nicht!" „Doch. Als ich die Augen geschlossen habe und darum gebeten habe, dass er mir hilft, fiel mir ein, wohin ich den Schlüssel gestern gelegt habe." „Das ist ja toll!", ruft Marie dazwischen. „Das muss ich unbedingt meinem Bruder erzählen. Der verlegt nämlich dauernd irgendwelche Sachen. Ich habe übrigens auch was gefunden." „Was denn?", fragt Jonas erstaunt. „Meine Heilige. Die Sonne hat sie mir gezeigt." „Woher kennst du denn die Geschichte der heiligen Elisabeth?", fragt Jonas' Opa. „Von Schwester Elisabeth. Sie hat uns die Geschichte von ihrer Namenspatronin erzählt." Während alle auf das Essen warten, beginnen die Kinder zu malen. Der Großvater beobachtet die Kinder schweigend und freut sich über ihren Eifer.

Am nächsten Tag staunt die Lehrerin über die gelungenen Kunstwerke. Maries Plakat zeigt in leuchtenden Farben das Brotwunder der heiligen Elisabeth. Darüber steht: „Durch die Heiligen strahlt Gottes Liebe in unsere Welt."

Jonas' Plakat hat keine Überschrift. „Es soll ein Rätsel sein", erklärt Jonas seiner Lehrerin. Als am Ende bei „Heiligenname" allerdings „mein Opa" steht, wundert sich die Lehrerin. Als ob es das Selbstverständlichste von der Welt wäre, erklärt Jonas: „Heilige sind doch Menschen, durch die Gottes Liebe scheint. So war das gestern bei meinem Opa auch. Also ist er ein Heiliger, auch wenn der Papst meinen Opa nicht heiliggesprochen hat." Und beide erzählen der staunenden Lehrerin, was sie am vergangenen Nachmittag mit Jonas' Opa erlebt haben.

1. Gut, dass wir einander haben

Text und Musik: Manfred Siebald

(Noten)

C — **Em** — **F** — **C/E**

Kv: Gut, dass wir ei-nan-der ha-ben, gut, dass wir ei-nan-der sehn,
Gut, dass wir nicht uns nur ha-ben, dass der Kreis sich nie-mals schließt,

Dm — **Em** **Am** — **1. Dm** — **G**

Sor-gen, Freu-den, Kräf-te tei-len und auf ei-nem We-ge gehn.
und dass Gott, von dem wir re-den,

2. Dm — **G⁷⁽⁹⁾** — **C** *Fine* — **Dm** **G** — **C/E** **Am**

hier in uns-rer Mit-te ist. 1. Kei-ner, der nur im-mer re-det;
Kei-ner wi-der-spricht nur im-mer;

Dm **G** — **C** — **D**

kei-ner, der nur im-mer hört. Je-des Schwei-gen,
kei-ner passt sich im-mer an. Und wir ler-nen,

Em **E** — **Am⁷** — **D⁷** — **G**

je-des Hö-ren, je-des Wort hat sei-nen Wert.
wie man strei-ten und sich den-noch lie-ben kann.

2. Keiner, der nur immer jubelt;
keiner, der nur immer weint.
Oft schon hat uns Gott in unsrer
Freude, unserm Schmerz vereint.
Keiner trägt nur immer andre;
keiner ist nur immer Last.
Jedem wurde schon geholfen;
jeder hat schon angefasst.

3. Keiner ist nur immer schwach, und
keiner hat für alles Kraft.
Jeder kann mit Gottes Gaben
das tun, was kein anderer schafft.
Keiner, der noch alles braucht, und
keiner, der schon alles hat.
Jeder lebt von allen andern;
jeder macht die andern satt.

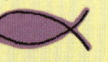

2. Wo zwei oder drei

Text: Mt 18,20, Musik: Jesus-Bruderschaft, Gnadenthal

Kanon für 2 Stimmen

1.
Wo zwei o-der drei in mei-nem Na-men ver-
sam-melt sind, da bin ich mit-ten un-ter ih – nen.

2.
Wo zwei o-der drei in mei-nem Na-men ver-
sam-melt sind, da bin ich mit-ten un-ter ih – nen.

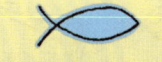

3. Alle meine Quellen entspringen in dir

Text, Musik und ©: Sr. Leonore Heinzl OSF

Kv: Al-le mei-ne Quel-len ent-sprin-gen in dir, in dir, mein gu-ter Gott.

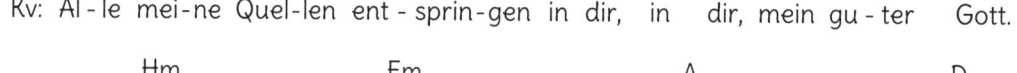

Du bist das Was-ser, das mich tränkt und mei-ne Sehn-sucht stillt!

1. Du bist die Kraft, die Le-ben schenkt, ei-ne Quel-le, wel-che nie ver-

siegt. 1.–7. Strö-me von le-ben - di-gem Was-ser bre-chen her - vor.

2. Du bist der Geist, der in uns lebt,
   der uns reinigt, der uns heilt und hilft.

3. Du bist das Wort, das mit uns geht,
   das uns trägt und uns die Richtung weist.

4. Du bist der Glaube, der uns prägt,
   der uns stark macht, offen und bereit.

5. Du bist die Liebe, die befreit,
   die vergibt, wenn uns das Herz anklagt.

6. Du bist das Licht in Dunkelheit,
   du erleuchtest unsern Lebensweg.

7. Du bist das Lamm, das sich erbarmt,
   das uns rettet, uns erlöst und liebt.

4. Ich glaube an den Vater

Text und Musik: Markus Pytlik

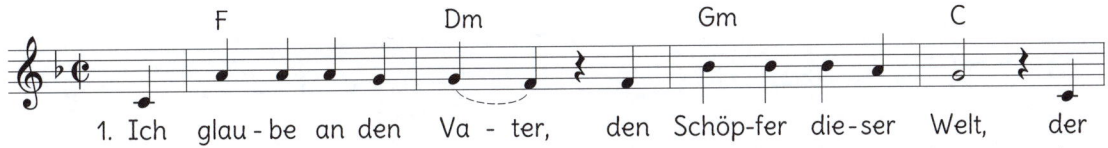

1. Ich glau-be an den Va-ter, den Schöp-fer die-ser Welt, der
2. Ich glaub' an Je-sus Chris-tus, der auf die Er-de kam, der
3. Ich glau-be an den Geist, den man im Her-zen spürt, der,
4. Ich glau-be an Ge-mein-schaft mit Gott als Fun-da-ment. Ich

1. uns mit sei-ner Lie-be in sei-nen Hän-den hält. Er schuf aus
2. Mensch wie wir ge-wor-den, die Sün-de auf sich nahm. Er ist am
3. ü-ber-all zu-ge-gen, uns Got-tes We-ge führt. Er wird die
4. glau-be an die Lie-be, die ei-nigt, was uns trennt. Wir wer-den

1. Nichts das Le-ben, den Mensch als Frau und Mann: die
2. Kreuz ge-stor-ben, doch brach er neu-e Bahn: denn
3. Welt ver-wan-deln und treibt uns wei-ter an, in
4. auf-er-ste-hen, wie Chris-tus es ge-tan; die

1. Kro-ne sei-ner Schöp-fung. Ich glau-be da-ran.
2. er ist auf-er-stan-den. Ich glau-be da-ran.
3. Got-tes Sinn zu han-deln. Ich glau-be da-ran.
4. Schuld wird uns ver-ge-ben. Ich glau-be da-ran.

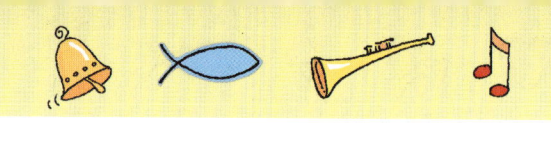

5. Zachäus war ein kleiner Mann

Text und Musik: Ludger Edelkötter

1. Za - chä - us ist ein klei - ner Mann, kei - ner will ihn ha - ben.

Ich auch, du auch, kei - ner will ihn ha - ben.

2. Doch Jesus ist ein toller Mann,
jeder will ihn sehen.
Ich auch, du auch, jeder will ihn sehen.

3. Zachäus sieht den Jesus nicht,
er wär' gerne größer.
Ich auch, du auch, er wär' gerne größer.

4. Zachäus steigt auf einen Baum,
jetzt kann er ihn sehen.
Ich auch, du auch, jetzt kann er ihn sehen.

5. Und Jesus kommt am Baum vorbei,
er spricht: Komm doch runter.
Ich auch, du auch,
er spricht: Komm doch runter.

6. Da ist Zachäus sehr erstaunt,
Jesus will ihn haben.
Ich auch, du auch, Jesus will ihn haben.

7. Zachäus sagt: Komm in mein Haus,
komm, wir wollen essen.
Ich auch, du auch, komm, wir wollen essen.

8. Zachäus lacht und freut sich sehr,
einer will ihn haben.
Ich auch, du auch, einer will ihn haben.

Ich auch, du auch, Jesus will ihn haben.
Ich auch, du auch, Jesus will ihn haben.

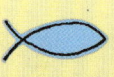

6. Ich hör dir zu

Text, Musik und ©: Kurt Mikula, www.mikula-kurt.net

D

1.   Als der ver-lor-ne Sohn,____ da-von-ge-
2. Es gibt Ta-ge, wo der Zorn____ in mir
3. Wenn jemand vor der Tü-re steht,____ der nicht mehr

Hm   **G**   **Em**

1. jagt mit Schimpf und Hohn,____ zu-rück zu sei-nem Va-ter kam,____
2. bro-delt ganz e-norm____ und ein Schwei-gen sitzt in mir,____
3. weiß, wie's wei-ter-geht,____ mach sie auf, lass ihn he-rein,____

G   **A**

1. nahm er ihn ein-fach in den Arm.____ Kein Vor-wurf
2. dass ich fast schon ex-plo-dier.____ Wenn ich in
3. gib ihm Zu-flucht und ein Heim,____ wo die Ver-

D   **Hm**

1. ü-ber das, was war,____ kein bö-ses Wort, was auch ge-schah,
2. mei-nem La-by-rinth____ al-lein den Aus-weg nicht mehr find,____
3. zweif-lung, al-le Not,____ die Angst vorm Le-ben, Furcht vorm Tod____

Em   **G**   **A**

1. ist so be-deu-tungs-los und klein, die Tür steht of-fen, komm he-rein:
2. und ich weiß mir kei-nen Rat, tut es gut, wenn ei-ner sagt:
3. die Macht ver-liert und Zu-ver-sicht legt sich ü-ber sein Ge-sicht:

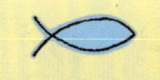

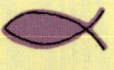

Kv: Komm, setz dich her zu mir und wenn du willst, er-zäh-le mir,
was dich be-drückt, was dich so quält, ich ha-be al-le Zeit der Welt.
Ich hör dir zu, bin ein-fach da, ganz e-gal, was im-mer war.
Nichts ist so schlimm, dass es nicht heilt, wenn man

nach 1. und 2. Str.
sei - ne Sor - gen teilt.

nach 3. Str.
sei - ne Sor - gen teilt.

7. Wie ein Fest nach langer Trauer

Text: Jürgen Werth, Musik: Johannes Nitsch

Em / Hm / C / D / Em

1. Wie ein Fest nach lan-ger Trau-er, wie ein Feu-er in der Nacht,
2. Wie ein Re-gen in der Wüs-te, fri-scher Tau auf dür-rem Land,
3. Wie ein Wort von to-ten Lip-pen, wie ein Blick, der Hoff-nung weckt,

Em / Hm / C / D / G

1. ein off-nes Tor in ei-ner Mau-er, für die Son-ne auf-ge-macht.
2. Hei-mat-klän-ge für Ver-miss-te, al-te Fein-de Hand in Hand.
3. wie ein Licht auf stei-len Klip-pen, wie ein Erd-teil, neu ent-deckt.

Am / D / G / C

1. Wie ein Brief nach lan-gem Schwei-gen, wie ein un-ver-hoff-ter Gruß,
2. Wie ein Schlüs-sel im Ge-fäng-nis, wie in See-not „Land in Sicht",
3. Wie der Früh-ling, wie der Mor-gen, wie ein Lied, wie ein Ge-dicht,

Am / Hm / C / D / Em

1. wie ein Blatt an to-ten Zwei-gen, ein „Ich-mag-dich-trotz-dem-Kuss".
2. wie ein Weg aus der Be-dräng-nis, wie ein strah-len-des Ge-sicht.
3. wie das Le-ben, wie die Lie-be, wie Gott selbst, das wah-re Licht.

Em / D / G / G / D/G / G

So ist Ver-söh-nung. So muss der wah-re Frie-de sein.__ So ist Ver-

D/E Em / Em / C / C/D / 1. Em / 2. Em

söh-nung. So ist Ver-ge-ben und Ver-zeihn. So ist Ver-(zeihn.)

© 1988 SCM Hänssler, 71087 Holzgerlingen

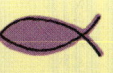

8. Wir stehen hier um den Altar

Text: Elisabeth Fechter, Musik: Maria Prochazka

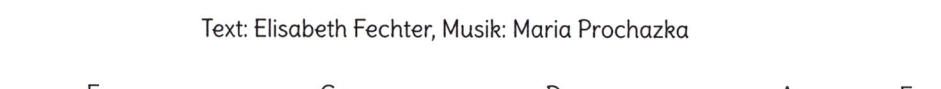

1. Wir ste-hen hier um den Al - tar, wer-den still und lei - se,
2. Wir den-ken an das A-bend-mahl, an die Jün-ger in dem Saal,

1. Je - sus ist nun wirk - lich da, auf be - son - de - re Wei - se.
2. Je - sus teil - te Brot und Wein, so wird er im-mer bei uns sein.

1.–2. Nicht al - les kön - nen die Au-gen sehn, nicht al - les kann der Ver-

stand ver-stehn. Gott ist in Ge - stalt von Brot und Wein un-ter uns.

9. Wir preisen deinen Tod

Text: Christine Gaud, Übersetzung: Diethard Zils, Musik: Michel Ambroise Wackenheim

Kanon für 2 Stimmen

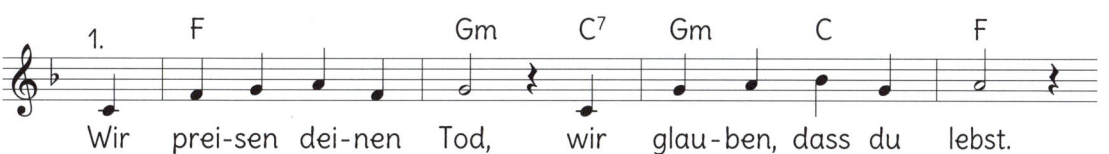

1. Wir prei-sen dei-nen Tod, wir glau-ben, dass du lebst.

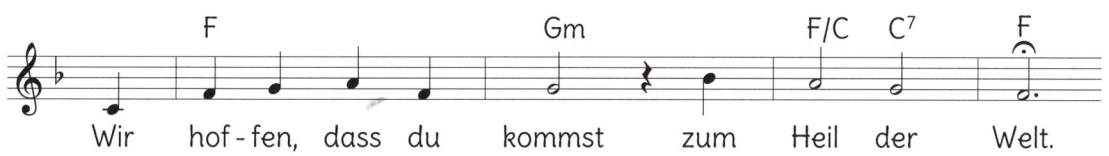

Wir hof-fen, dass du kommst zum Heil der Welt.

2. Komm, o Herr, bleib bei uns!

Komm, o Herr, Le-ben der Welt.

Aus: Mein Kanonbuch, 1986
Rechte für Text und Musik: Groupe Fleurus-Mame, Paris
Rechte für die Übersetzung: tvd-Verlag Düsseldorf

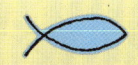

10. Wenn wir unsre Gaben bringen

Text und Musik: Kathi Stimmer-Salzeder

E	H	C#m	E/G#m

1.–4. Wenn wir uns - re Ga - ben brin - gen,

A	E/G#m	F#m⁷	H	E	A

1. sol - len sie ein Zei - chen sein, dass wir da sind,
2. lasst uns prei - sen un - sern Gott, der uns schenkt die
3. brin - gen wir uns sel - ber dar. Was wir sind und
4. wol - len wir Ge - mein - schaft sein, dann bist du in

H	E	F#m	E/G#m	A	H	E

1. um zu fei - ern, denn Gott lädt uns al - le ein.
2. Frucht der Er - de, Le - ben gibt in Wein und Brot.
3. mit uns tra - gen, le - gen wir auf den Al - tar.
4. uns - rer Mit - te, schenkst dich uns in Brot und Wein.

11. Folgen – Leben mit Jesus hat Folgen

Text (nach Lk 9,23–24): Christoph Zehendner, Musik: Manfred Staiger

Kv: Fol-gen – Le-ben mit Je- sus hat Fol-gen. Die al-ten Plä-ne und I-de - en zähln nicht mehr. Fol-gen – komm, wir wol-len ihm fol-gen. Sein Weg ist gut. Wir ge-hen hin-ter-her.

1. Fol-gen heißt zu ler-nen, von sich selbst weg-zu-sehn, die Not der Welt er-ken-nen und mu-tig los-zu-gehn, heißt, Hilf-lo-sen zu hel - fen mit Trost und gu-tem Rat, heißt re-den, hei-len, han - deln, so wie es Je-sus tat.

2. Folgen heißt zu leben für Gottes großes Ziel,
heißt, sich dort einzusetzen, wo niemand sonst es will,
die Last des andern tragen, der schwer zu schleppen hat,
sein Kreuz auf sich zu nehmen, so wie es Jesus tat.

3. Folgen heißt zu opfern, was lebenswichtig scheint,
heißt, manches aufzugeben, was man zu brauchen meint,
heißt, viel mehr zu gewinnen, als man verloren hat,
zum Leben durchzudringen, so wie es Jesus tat.

12. Brich auf, bewege dich

Text: Thomas Laubach, Musik: Thomas Quast

Kanon für 2 Stimmen

Brich auf, be - we-ge dich, denn nur ein ers-ter Schritt

ver - än-dert dich, ver - än-dert mich, brich auf, be - we-ge dich!

Einstimmung
Ich komme in die Kirche, mache am Eingang mit Weihwasser ein Kreuzzeichen, lege die Hostie ein, mache eine Kniebeuge und suche mir leise einen Platz.

Einzug
Die Glocke läutet und der Priester zieht mit den Ministranten in die Kirche ein.

Eröffnung
Wir beginnen mit dem Kreuzzeichen und zeigen damit, dass wir zu Gott gehören. Priester: „Der Herr sei mit euch." Wir: „Und mit deinem Geiste."

Schuldbekenntnis
Wir kommen mit unserer Schuld zu Gott. Wir vertrauen darauf, dass er uns bedingungslos annimmt, auch wenn wir uns von ihm abgewendet haben.

Kyrie
Früher wurden Könige und Herrscher mit dem Ruf „Kyrie eleison" begrüßt. Wir heißen Christus als Herrn in unserer Mitte willkommen.

Gloria
Wir singen oder sprechen das „Ehre sei Gott" (Gloria), den großen Lobgesang auf Gott.

Tagesgebet
Der Priester eröffnet mit den Worten „Lasset uns beten" das Tagesgebet. Im Stillen kann ich Gott sagen, was mir am Herzen liegt.

Erste Lesung
Ein Lektor liest einen Abschnitt aus dem Alten Testament vor, in dem die Erfahrungen des Volkes Israel mit Gott erzählt werden. Am Ende jeder Lesung sagt der Lektor: „Wort des lebendigen Gottes."

Antwortgesang
Wir antworten auf die Lesung mit einem Psalm. Psalmen sind Lieder aus dem Alten Testament. Wir antworten: „Dank sei Gott."

Friedensgebet
... beten darum, dass Gott uns den Frieden schenkt. Zum Zeichen, dass wir diesen Frieden weitergeben wollen, reichen wir uns die Hände. Priester: „Der Friede des Herrn sei allezeit mit euch." „Und mit deinem Geiste."

Agnus Dei
Wir singen das „Lamm Gottes" und erinnern uns daran, dass Jesus für uns am Kreuz gestorben ist. Der Priester bricht dabei das Brot.

Einladung zur Kommunion
Der Priester lädt uns zur Gemeinschaft mit Jesus Christus ein. Priester: „Seht, das Lamm Gottes, das hinwegnimmt die Sünde der Welt." Wir: „Herr, ich bin nicht würdig ..."

Kommunion
Wir empfangen den Leib Christi. Durch die Kommunion sind wir mit Christus und untereinander verbunden. Priester/Kommunionhelfer: „Der Leib Christi." Ich: „Amen."

Dank
Nach der Kommunion danken wir Gott im Stillen dafür, dass wir seine Nähe erfahren dürfen. Danach kann noch ein Lied gesungen werden.

Schlussgebet
Der Priester eröffnet mit den Worten „Lasset uns beten" das Schlussgebet. Darin danken wir Gott für die Einladung an den Tisch des Herrn.

ABSCHLUSS

Segen
Wir empfangen Gottes Segen durch den Priester. Es ist die Zusage, dass Gott mit uns auf dem Weg ist.

Sendung
Am Ende der heiligen Messe sagt der Priester: „Gehet hin in Frieden." Wir antworten darauf: „Dank sei Gott, dem Herrn" und nehmen den Auftrag mit, Zeugen der Frohen Botschaft zu sein.

Auszug
Der Priester und die Ministranten ziehen aus der Kirche aus.